PROYECTO DISCIPULADO

LUCAS LEYS
DAVID NOBOA

PROYECTO DISCIPULADO

Lucas Leys
David Noboa

e625.com

PROYECTO DISCIPULADO - MINISTERIO DE PREADOLESCENTES
e625 - 2020
Dallas, Texas
e625 ©2020 por **Lucas Leys y David Noboa**

____

Todas las citas bíblicas son de la **Nueva Biblia Viva (NBV)** a menos que se indique lo contrario.

Editado por: **María Gallardo**

Diseño interior y portada: **JuanShimabukuroDesign**

ISBN: 978-1-946707-42-0

IMPRESO EN ESTADOS UNIDOS

CONTENIDO

INTRO

En la Biblia encontramos la historia de cuando Jesús, luego de la resurrección, tuvo un encuentro con dos de sus discípulos mientras caminaban hacia Emaús, una ciudad ubicada a unos 10 kilómetros de Jerusalén. Según leemos en el relato de Lucas capítulo 24, aquellos que decían ser sus seguidores no supieron, en ese momento, quién era Él. ¿No te intriga esa afirmación? ¿Cómo se entiende que aquellos que se reconocían como sus seguidores no pudieran reconocerle? Las respuestas pueden ser muchas... Algunos ilustran a Jesús oculto detrás de un manto, otros dicen que su imagen glorificada era diferente a su forma humana anterior a la crucifixión, o quizás tenía la capacidad de confundir los ojos de la gente para que no le reconocieran. Lo cierto es que no supieron quién era hasta el momento en que partió el pan y recién entonces pudieron reconocerlo.

Esta historia destaca una verdad poderosísima. No es suficiente con saber quién es Jesús. Necesitamos tener experiencias cercanas con Él. Jesús puede caminar contigo sin que le puedas reconocer, y de pronto, ¡puf!, viene una gran revelación a tu vida que te hace ver claramente que Jesús ha estado caminando y hablando contigo todo ese tiempo.

ESA ES LA TAREA DE LOS DISCIPULADORES: CAMINAR CON ALGUIEN PARA QUE PUEDA VER CLARAMENTE A JESÚS

Esa es la tarea de los discipuladores: caminar con alguien para que pueda ver claramente a Jesús; acompañar a otro que aún no puede reconocerlo en ciertos aspectos de su vida. Y ese es el desafío del discipulado bíblico: viajar junto a otra persona hasta que pueda reconocer al Mesías, caigan sus velos interiores y experimente la presencia de Dios a través del Cristo resucitado.

LO QUE NO ES EL DISCIPULADO:

En muchas ocasiones, la manera más clara de definir algo es hacer una lista de lo que ese algo no es, y aquí hay una lista de lo que el discipulado bíblico no es:

- **NO ES UNA CLASE BÍBLICA.** Usualmente se confunden estas dos expresiones que suelen ir de la mano pero no son iguales. Una clase en la que se enseña la Biblia aporta una parte importante en el crecimiento de un discípulo. De hecho, una parte indispensable y por eso este libro contiene lecciones para enseñar, pero el libro incluye la palabra «proyecto» porque una clase no es el todo del discipulado.

- **NO ES UN PROGRAMA DE MEMBRESÍA.** En algunas iglesias se da entender que el discipulado es un programa de iniciación para nuevos creyentes, pero otra vez, queremos que los nuevos creyentes comiencen a ser discípulos de Jesús y es bueno que haya un buen programa para quienes dan sus primeros pasos en la fe pero el discipulado no termina con el bautismo o con la finalización de un curso. No se trata de seguir una serie de talleres. Aunque esto puede ayudar mucho en el proceso del discipulado, verás que el conocimiento bíblico y otros tipos de aprendizajes no redundan necesariamente en una mayor madurez espiritual.

- **NO ES UNA REFLEXIÓN DOCTRINAL.** El discipulado no está limitado a cuestiones intelectuales. Más bien es un desarrollo de carácter integral que involucra, además de la parte cerebral, el espíritu, las emociones, la voluntad y la conducta. Las clases teológicas podrían hacernos caer en el engaño de que aprendiendo ciertas doctrinas, seremos buenos discípulos. Las doctrinas claro que son fundamentales y hay enseñanza doctrinal en un verdadero discipulado bíblico, pero esas doctrinas deben pasar a la acción para surtir su efecto. El saber teología y doctrina no te hace un buen discípulo si no te llevan a una práctica tangible. Considera, por ejemplo, a los fariseos, a quienes Jesús confrontaba. Ellos tenían mucho conocimiento, y manejaban la teología y la doctrina a la perfección, pero su corazón estaba muy lejos de Dios.

EL DISCIPULADO GENUINO ES MÁS PARECIDO A SER UN ESPEJO DE CRISTO QUE A SIMPLEMENTE ENSEÑAR SOBRE ÉL

- **NO ES UNA LITURGIA.** Aunque es cierto que el discipulado tiene mucho que ver con adquirir buenos hábitos y disciplinas espirituales, estas cosas no deben convertirse en repeticiones frías ni en rígidas conductas religiosas. Cada disciplina adquirida, cada momento de adoración colectiva, cada acto de participación comunitaria, oración y ayuno, son herramientas para que nuestro corazón sea conquistado por el corazón de Jesús y no solamente para que «hagamos» lo que es correcto a los ojos de otros.

Se puede saber mucho acerca de Dios y estar lejos de Él y por eso, el discipulado genuino es más parecido a ser un espejo de Cristo que a simplemente enseñar sobre Él.

El punto no es «demostrar» quién se parece más a Jesús sino tener en claro que mientras más me enfoco en reflejar voluntariamente a Cristo, mejor discipulador seré.

Entonces, ¿qué es el discipulado bíblico? Reunir en una sola frase todo lo que un discipulado genuino significa puede ser muy osado... pero lo podemos intentar:

«EL DISCIPULADO ES UN PROCESO DE ACOMPAÑAMIENTO EN EL QUE, A TRAVÉS DE UNA RELACIÓN PERSONAL, SE CONSIGUE MOLDEAR EN EL DISCÍPULO LAS VIRTUDES DEL CARÁCTER DE JESÚS».

PIENSA EN ESTAS DOS PALABRAS:

- **PROCESO:** El discipulado es un proceso progresivo y paciente. Tiene que ver con acompañar a una persona desde un lugar a otro, tal como sucedió con los caminantes de Emaús. Mientras iban caminando, Jesús les recordaba cosas que ya habían escuchado y les decía otras que aún no sabían. Y ellos vivieron con tal intensidad el «proceso» de esa caminata, que cuando finalmente se dieron cuenta de que era su Maestro, recordaron que su corazón ardía mientras Él les hablaba.

- **RELACIÓN:** El discipulado no sucede sin acompañamiento. Caminar junto con alguien significa «estar allí» para esa persona. No se reduce a impartir lecciones o clases, y definitivamente debe ser algo más que una reunión semanal. El discipulado va más allá de compartir los cultos o las reuniones programadas. Los mejores discipuladores comparten con sus aprendices otros momentos de la vida y por eso las lecciones de este libro te van a desafiar a pasar de la lección a la convivencia. Así lo hizo Jesús. Y así lo haremos nosotros.

MIENTRAS MÁS ME ENFOCO EN REFLEJAR VOLUNTARIAMENTE A CRISTO, MEJOR DISCIPULADOR SERÉ

Los doce discípulos no fueron los únicos seguidores de Jesús pero fueron los más íntimos. A lo largo del tiempo que nuestro Mesías caminó entre los seres humanos, muchos estuvieron cerca de Él y eso continúa hasta hoy. ¿Recuerdas a la multitud comiendo gratis de los panes y los peces? Seguidores de Jesús puede haber muchos, pero no todos los que dicen seguirle son verdaderamente sus discípulos.

La Biblia dice que el Verbo se hizo carne y habitó entre nosotros. Vivió con los hombres proclamando que el reino de los cielos se había acercado. Murió. Resucitó. Y justo antes de partir de regreso al trono preparado para Él, dejó una gran tarea: *«Vayan y hagan discípulos, enséñenles a guardar todas las cosas que les he enseñado».* Luego se dice que alrededor de 500 personas presenciaron la ascensión del Salvador (1 Corintios 15:6).

La gran tarea de hacer discípulos a todas las naciones se ha efectuado con diversos matices, y al iniciar este proyecto en nuestras iglesias la gran pregunta a responder es: ¿cómo podemos hacer mejores discípulos de Jesús?

Y para hacerlo, a continuación tienes 10 recordatorios cruciales sobre los diferentes aspectos que el discipulado bíblico representa. **Más allá de la transmisión de conocimientos, estas premisas tienen la intención de ayudarte en la transmisión de una CULTURA.** Eso es lo que Cristo vino a instaurar: la cultura del reino de los cielos, la interpretación precisa de lo que el Padre había dicho desde tiempos antiguos, el ejercicio social de un pueblo, al cual ahora llamamos familia, y las características que esta familia debe tener. Como ves, se trata de cosas cruciales que no podemos olvidar.

Jesús anunció que había venido para cumplir la ley y no para abolirla, pero Él no les enseñó a sus discípulos una serie de pasos para ser un mejor creyente. Él vivió con ellos un estilo de vida de fe. Jesús estuvo con sus discípulos hasta en los momentos más difíciles, pero no los reunió para darles una charla sobre obediencia. Él obedeció al Padre en todo, y así les enseñó a ellos a hacer lo mismo.

> *«Este es el pacto que haré con ellos después de aquellos días, —dice el Señor: Pondré mis leyes en su corazón y las escribiré en su mente».*
> **Hebreos 10:16**

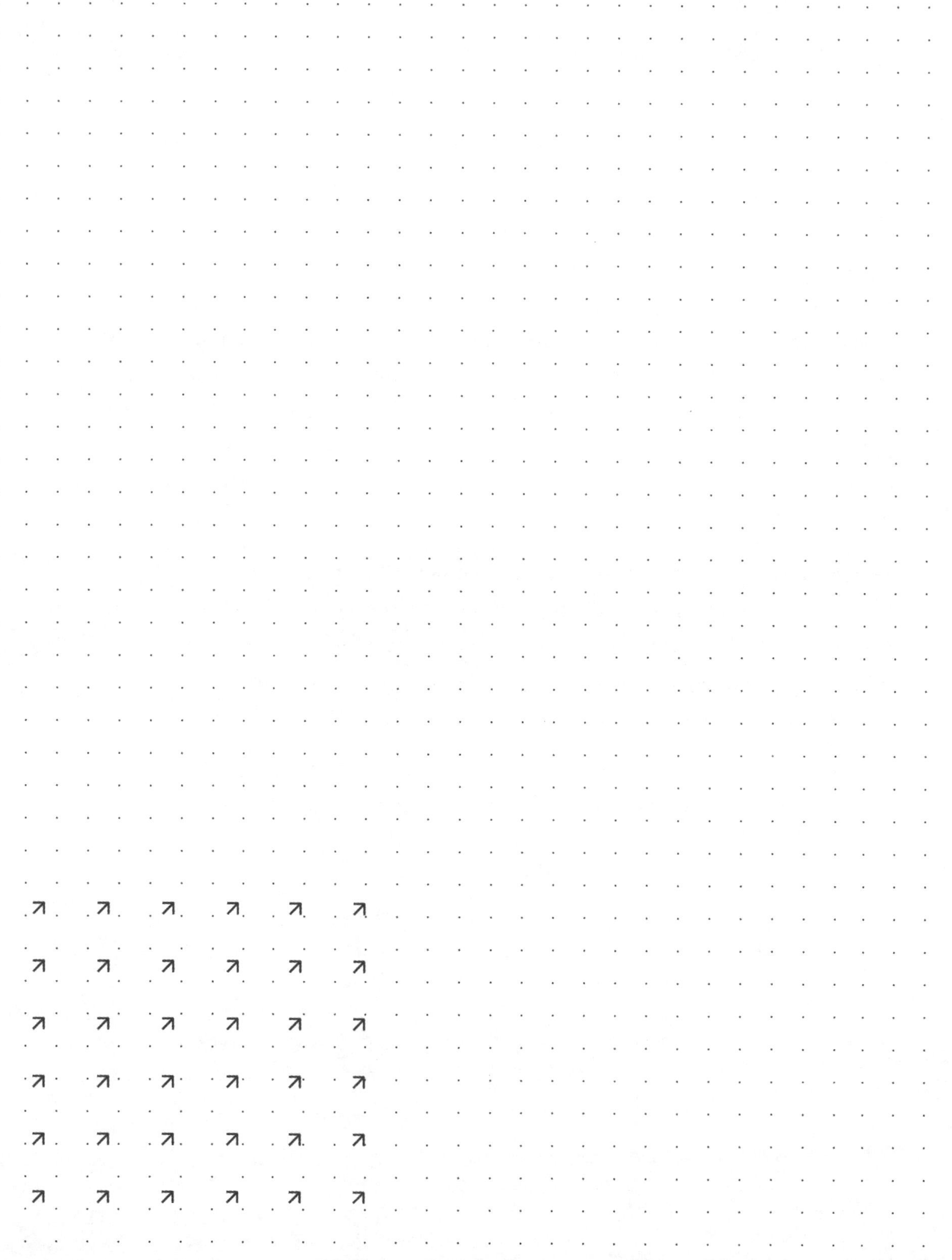

SECCIÓN 1

ENTRENAMIENTO PREVIO PARA DISCIPULADORES

Tu iglesia y ministerio pueden hacer un discipulado transformacional y este entrenamiento preliminar tiene la intención de:

- Romper cualquier paradigma incorrecto que exista en torno al discipulado bíblico en la comprensión de los miembros de tu equipo.

- Entusiasmar a tus voluntarios con el tremendo proyecto de que tus participantes se parezcan más a Jesús.

- Optimizar el proceso de crecimiento estableciendo resultados claros para tu ministerio.

- Ampliar la visión de todos los involucrados recuperando el sentido de comunidad de la Iglesia del primer siglo.

PRINCIPIOS ESENCIALES DEL DISCIPULADO BÍBLICO

PRINCIPIO 1

SOMOS LA IGLESIA

«El mayor regalo que puede recibir una iglesia es tener un grupo de familias que asuman la vida con tanta seriedad cristiana que estén dispuestas a alterar por completo su estilo de vida para criar discípulos para Jesucristo».

Abraham Kuyper

Por mucho tiempo nos acostumbramos tanto a hacer reuniones en un templo como parte del ejercicio natural de la Iglesia que esta inercia nos ayudó a olvidar que debemos ser y hacer **discípulos**, y no solo asistentes a reuniones. En un sentido bíblico, la iglesia no es un lugar al que ir sino una familia a la cual pertenecer y si no logramos verla de esta manera, terminaremos estancando nuestro crecimiento personal y el de la Iglesia.

La forma en que hablamos exhibe cómo pensamos y, en consecuencia, cómo actuamos. Mira esta conversación:

— ¿A qué iglesia asistes?

—Asisto a la Iglesia Central.

—Pero... ¿eres de los que sirven?

—Solo asisto, no estoy en ningún ministerio.

> **LA IGLESIA NO ES UN LUGAR AL QUE IR SINO UNA FAMILIA A LA CUAL PERTENECER**

Seguramente escuchaste alguna parecida. Pero lo cierto es que «asistir» a una comunidad eclesial es prácticamente imposible desde la perspectiva de Dios. Piensa en tu familia. ¿Asistes semanalmente a tu familia o eres parte de ella? Ser parte de la iglesia y congregarnos no es lo mismo que asistir.

Una respuesta bíblica para la pregunta de más arriba sería:

—No asisto a una iglesia, yo *soy* la Iglesia de Cristo.

Otra conversación muy común es la siguiente:

—Esta semana no fui a la iglesia.

Y su líder responde: —Pues no debes faltar porque recuerda que no debemos dejar de congregarnos.

Nadie tiene malas intenciones al decir estas cosas pero hacerlo puede empujar a las nuevas generaciones a llevar una doble vida. ¿Qué es congregarse exactamente? Obviamente la palabra quiere decir reunirnos pero en un sentido bíblico quiere decir estar enlazados. Compartir un sentir, un creer y un hacer continuo.

DECIR "SER LA IGLESIA" NOS HACE SABER QUE SOMOS PARTE Y NO DEJAMOS DE SERLO JAMÁS

Tenemos que evitar que por un lado esté la vida de las reuniones de la iglesia, en la que todos se muestran buenos, serviciales, y hasta son un buen ejemplo para los demás y por el otro esté «la vida secular». Hemos vivido en esa dicotomía por siglos, y ya es hora de decir que es errónea y que no es bíblica ya que según la revelación escrita no existe una vida cristiana y una vida secular. Si eres un discípulo de Jesús, entonces eres el mismo en cualquier lugar, momento, condición y actividad y todo lo que haces lo debes hacer para el Señor (Colosense 3:23-24).

La frase «ir a la iglesia» nos hace pensar que es un destino para visitar, un buen lugar para pasar un rato ciertos días de la semana. En cambio, decir «ser la iglesia» nos hace saber que somos parte y no dejamos de serlo jamás, sin importar dónde o con quién estemos.

Mira este texto de tu Biblia....

«Dios fue el que hizo el mundo y cuanto en él existe y, por cuanto es Señor del cielo y de la tierra, no habita en templos que el hombre construya, ni necesita que los seres humanos satisfagan sus necesidades, porque él es el que da vida y aliento a todas las cosas. De un solo hombre creó a la humanidad, y luego distribuyó las naciones sobre la faz de la tierra, tras decidir de antemano cuándo y cuáles serían sus fronteras. En todo esto, el propósito de Dios era que las naciones lo buscaran y, quizás palpando, descubrieran el camino donde se le pudiera hallar. Pero él no está lejos de ninguno de nosotros, porque en él vivimos, nos movemos y existimos. Como uno de los poetas de ustedes dijo: Somos de la familia de Dios».

Hechos 17:24–28

Dios no está en los templos, pero siempre está en la Iglesia.

A muchos les cuesta entender esta frase pues consideran que templo es un sinónimo de iglesia, pero no es así. ¡La Iglesia somos nosotros! Lo que dice el versículo 28 es contundente: en Él vivimos, nos movemos y existimos. Y porque Él habita en nosotros, somos su familia.

> **DIOS NO ESTÁ EN LOS TEMPLOS, PERO SIEMPRE ESTÁ EN LA IGLESIA**

Nos reunimos en templos, sí, pero Dios no está allí por el lugar, sino por nosotros, su Iglesia. Un discípulo verdadero jamás deja de ser Iglesia y precisamente por eso está consciente de que debe ser parte activa de las reuniones; sabe cuán importante es la vida en comunidad, es parte del cuerpo, se relaciona con otros y sirve a Dios con sus dones y talentos. Pero su misión no termina allí. El discípulo mira en su interior, se examina periódicamente y rinde cuentas a su discipulador en base a los pasos de crecimiento que ha dado. Por eso, aunque participa de las reuniones, **un discípulo no depende de la reunión para crecer y cumplir aquello que Cristo le ha encomendado.**

«Asistir» a una congregación no te exige ser un discípulo, pero SER PARTE de una comunidad de seguidores de Jesús te obliga a ser un discípulo donde quiera que estés, ¡y además te obliga a cumplir con la misión de formar otros discípulos! No importa a qué comunidad de creyentes pertenezcas, la misión sigue siendo la misma, y tú sigues siendo parte de la Iglesia global. Todos estamos unidos en una misma fe, propósito y misión.

Esta perspectiva nace de comprender que la Iglesia no es un lugar delimitado a un espacio físico, sino que se trata de un organismo vivo y, como tal, debe crecer integralmente, así como también reproducirse, multiplicarse y expandirse. Si esto no sucede, es porque algo no estamos haciendo bien...

Recuerda que el hecho de tan solo *ser* un discípulo de Jesús no es el plan de Dios completo para ti. Hace falta también *hacer* discípulos, modelar en otros el carácter de Cristo, acompañarlos a vivir este proceso, y alentarlos a reproducirse en otros más.

ALGUNOS CAMBIOS DE PARADIGMA:

- No asisto a una iglesia, SOY la Iglesia.

- El edificio donde nos reunimos NO es la Iglesia, es un templo.

- La Iglesia no es un lugar estático, es un organismo VIVO.

- La Iglesia está formada por los hijos de Dios, dondequiera que estos se reúnan. En un auditorio enorme, en un parque, o en una casa, dondequiera que estén los hijos de Dios, allí está la Iglesia.

IMPLEMENTA IDEAS QUE CAMBIEN LA CULTURA:

- Pega carteles en el templo con frases que ayuden a todos a cambiar su mentalidad respecto de «ir a la iglesia» a «ser la Iglesia».

- Intenta repetir varias veces esas frases en las reuniones hasta que los conceptos se vuelvan parte del lenguaje habitual.

- Trabaja con todos los miembros y voluntarios del ministerio para que en las clases, las reuniones de grupos pequeños, y aun en las consejerías individuales se hable con claridad que todo lo que hacemos los cristianos todos los días tiene que ver con la iglesia.

PRINCIPIO 2

ENSEÑANZA Y DISCIPULADO NO SON LO MISMO

«Una comprensión cristiana del mundo ve el carácter de las nuevas generaciones no tan determinado genéticamente, sino moldeado en gran medida por el discipulado y la disciplina de sus modelos».
Russell D. Moore

Es fácil mezclar estas palabras porque la enseñanza es parte del discipulado pero es fundamental diferenciarlas. Si bien el discipulado se vale de la enseñanza, la sola enseñanza no hace discípulos.

La realidad práctica de los cristianos de hoy es que estamos bombardeados por una cantidad enorme de información, mensajes y enseñanzas de diversos tipos en las redes. Tenemos de todo, e idolatramos a los que «hablan mejor» y tienen redes sociales populares pero... ¿de qué manera estamos haciendo discípulos? Obviamente no queremos cuestionar a alguien pero es bueno tener en claro que hablar bien por un rato en un video o un púlpito no es lo mismo que hacer lo que Jesús sí nos encargó. Discipular es más que hablar lindo.

Quizás la clave está en no quedarse en la parte discursiva de la comunicación. Ambos autores de este libro trabajamos en este material porque queremos ayudarte a incluir desafíos personales en tu enseñanza en ese proceso intencional que estamos llamando discipulado.

Los retos personales o colectivos para poner en práctica lo aprendido, supervisados en una relación que optimiza resultados, son realmente vitales.

Reflexiona con tu equipo en estas diferencias entre enseñanza y discipulado:

ENSEÑANZA	DISCIPULADO
Transmite conocimientos.	Transmite una cultura.
Se limita a las clases, y no exige mucha relación con el maestro.	Apunta al acompañamiento y exige una relación con el discipulador.
Se basa en saber lo que dice la Biblia o la teología.	Se basa en practicar lo que la Biblia dice.
Te lleva a un mayor conocimiento.	Te lleva a la madurez en Cristo.
Es un momento o etapa corta apuntado a terminar un programa.	Es un proceso apuntado al carácter.

Si prestas atención al cuadro anterior podrás observar que **el discipulado conlleva mucho más esfuerzo y tiempo que la enseñanza.** Los maestros, entonces, son una parte clave del proceso, pero **si en verdad quieres discipular a otros vas a tener que movilizarte a un nuevo nivel de compromiso y relación.** El proceso puede iniciarse con la enseñanza, pero no termina allí.

QUIEN EJERCITA EL PROCESO INTENCIONAL DEL DISCIPULADO ASUME RASGOS DE PATERNIDAD ESPIRITUAL

¿Puedes entonces ser un maestro y no estar haciendo discípulos? Sí. Cuando limitas la enseñanza a la impartición de información, allí la Palabra se vuelve letra muerta y el conformismo impide que la verdad de Dios sea real y viva en la vida de la persona.

Cuando entiendas esto y cambies tu forma de enseñar, entonces todo lo que enseñes traerá mayor fruto, pues apuntará hacia el objetivo de hacer discípulos y no de crear clones que sepan todo lo que tú ya sabes. Y, al final del camino, estamos seguros de que serás enseñado por cada discípulo tú también, ¡pues nunca habrás dejado de ser uno!

Alguien que discipula es más que un maestro. Poco a poco se va convirtiendo en un ejemplo de vida, una consejera, un entrenador y una amiga. Quien ejercita el proceso intencional del discipulado asume rasgos de paternidad espiritual ya que asigna identidad, provee y protege.

ALGUNOS CAMBIOS DE PARADIGMA:

- La enseñanza no es el «todo» del discipulado.

- La fuerza motora del discipulado no es el conocimiento, sino la relación.

- Saber de la Biblia no trae madurez; practicarla sí.

IMPLEMENTA IDEAS QUE CAMBIEN LA CULTURA:

- Empieza a diferenciar las clases bíblicas de los procesos de discipulado.

- Instruye a todos los involucrados (líderes, voluntarios y participantes) para entender la diferencia.

- Identifica a aquellos en tu congregación que pueden ser discipuladores y entrénalos con esta guía.

- Que toda clase apunte a cambios de acción que serán supervisados en una relación.

PRINCIPIO 3

CADA DISCÍPULO
ES DIFERENTE

«Dios creó a las personas con una amplia variedad de intereses y habilidades. Ha llamado a personas de todas las razas y colores que han sido lastimadas por la vida de todas las formas imaginables. Incluso las cicatrices de abusos y lesiones en el pasado pueden ser el medio de llevar la curación a otro. ¡Qué maravillosas oportunidades para hacer discípulos!».

Charles R. Swindoll

La filosofía griega que heredamos del imperio romano instaló en occidente la idea no muy asusta de que la educación se debe parecer a un embudo en el que todos entramos distintos para luego salir todos iguales, y algunos sin saberlo han pretendido este tipo de acercamiento para el discipulado y la Iglesia.

Por ese motivo, los programas se crean con la expectativa de que todo creyente pueda repetir y hacer lo mismo que los otros cristianos. Sin embargo, hoy tenemos en claro que todos somos iguales en lo esencial pero que somos distintos y eso es bueno y hay que traerlo al discipulado. Cada discípulo es diferente, tiene necesidades específicas y lucha con cosas que otros no. Sus debilidades y fortalezas son únicas, y no es posible crear un patrón que pueda servir a todos por igual. A su vez, aquel que discipula está consciente de sus propias debilidades para depender

CADA DISCÍPULO ES DIFERENTE, TIENE NECESIDADES ESPECÍFICAS Y LUCHA CON COSAS QUE OTROS NO

más de Cristo, y asume sus fortalezas para ser impartidas a sus seguidores, todo completamente guiado por el Espíritu de Dios.

Es por este motivo que el discipulado es, necesariamente, más personal que grupal. Lo grupal y lo individual deben ser dos caras complementarias porque no es uno o lo otro sino ambas cosas, porque hay verdades que se aprenden mejor comunalmente y ciertas otras que deben ser cara a cara en la intimidad de dos personas. El desafío es que casi todos los programas de las iglesias son grupales y hay poco acercamiento individualizado y por eso es tan vital recordar que las **conversaciones íntimas, los encuentros personales y los retos individuales son una marca de un discipulado genuino.**

Algunas ideas para discipular de forma personal:

- No mires números, mira personas.

- Crea oportunidades que vayan fuera de una clase.

- Crea intimidad intencional sin esperar a que surja de forma natural.

- Entérate de las cosas que a cada discípulo le interesan.

- Si quieres una relación genuina, sé auténtico.

- Trabaja más con los que están mejor dispuestos.

- Enséñales a rendir cuentas de su vida. Es importante.

- Aplaude sus éxitos, consuela sus tropiezos.

- Trabaja sobre acciones específicas.

- Ayúdales a fijarse metas personales.

- Ayúdales a depender de la guía del Espíritu Santo.

Estos consejos tendrán leves variaciones si estás discipulando niños, preadolescentes, adolescentes o jóvenes. Ya verás que el principio que viene más adelante te ayudará a enfocarte mejor en cada edad. Sin embargo, debes saber que no existe ninguna limitación de edad para que alguien se convierta en un discípulo.

ALGUNOS CAMBIOS DE PARADIGMA:

- Para Dios todos somos iguales, pero también somos diferentes.

- El discipulado siempre llega a una instancia personal.

- Las reuniones semanales no discipulan, la relación sí.

- Fuimos creados a imagen y semejanza de un Dios multiforme.

IMPLEMENTA IDEAS QUE CAMBIEN LA CULTURA:

- Conoce las diferencias individuales de las personas que tienes en un grupo de discipulado.

- Advierte intencionalmente qué paradigma es importante para transferirles el valor.

- Ayuda a las personas a las que discipulas a conocerse mejor.

- Crea una conciencia de inclusión e integración en los miembros de tus proyectos.

- Modela un acercamiento pastoral personalizado.

EL DISCIPULADO NO ES PARA UNA EDAD ESPECÍFICA

«Jesús pasó tiempo y tuvo relaciones cercanas y personales con sus discípulos.

¿Tenemos relaciones personales con las nuevas generaciones en nuestras iglesias?».

La Verne Tolbert

Pareciera ser que la conciencia general de muchas congregaciones reclama que discipulemos «en serio» a los adultos, mientras que los niños, preadolescentes, adolescentes y jóvenes pueden esperar, y este es un error estratégico de consecuencias nefastas. De hecho, cuando se trata de transmitir cultura, la mejor edad es la más temprana. Cuando trabajes con adultos encontrarás que es un poco más difícil cambiar algo que han hecho de una determinada manera durante toda su vida. En cambio, los más pequeños son moldeables, enseñables, y adaptables. Saben que no saben y eso es bueno.

Si tienes una posición de influencia con las nuevas generaciones, Dios te ha tenido en alta estima.

Ahora bien, no es lo mismo trabajar con niños que trabajar con jóvenes así que aquí van a

CUANDO SE TRATA DE TRANSMITIR CULTURA, LA MEJOR EDAD ES LA MÁS TEMPRANA

algunas recomendaciones que corresponden a las 4 arenas básicas del trabajo de una visión inteligente de pastoral generacional.

PARA EL DISCIPULADO DE NIÑOS:

- Trabaja íntimamente con los padres. Ellos son los líderes y discipuladores naturales que Dios les dio. Discipular a los niños es cooperar con sus padres.

- Ayuda a los niños a compartir sus pasos de crecimiento en el contexto de su familia.

- Usa las inteligencias múltiples, así el proceso de formación será integral y llegará a todos. (Si quieres saber más acerca de Inteligencias Múltiples aprovecha el curso en el Instituto online de e625).

PARA EL DISCIPULADO DE PREADOLESCENTES:

- Es la etapa en donde comenzamos a ver el mundo más allá del hogar y con la llegada del pensamiento abstracto comenzamos a cuestionar la validez de lo que aprendimos en la niñez y por eso la enseñanza debe pasar de los datos concretos a los principios abstractos.

- En esta etapa también es crucial colaborar con sus padres porque en ella tienen su última gran oportunidad de definir algunos valores y hábitos en sus hijos que, a partir de la siguiente, van a ser mucho más difíciles de inculcar.

- La relación con sus líderes y maestros ahora debe ser más personal. Necesitan modelos y es muy posible que los modelos que tengan en esta etapa lo serán de manera inconsciente por el resto de sus vidas.

PARA EL DISCIPULADO DE ADOLESCENTES:

- La relación de los chicos y chicas con sus padres es siempre importante, pero la relación con sus amigos a esta edad es clave. El discipulado comunal tiene más sentido en esta etapa que en ninguna otra.

- Por naturaleza en la adolescencia todos cuestionamos nuestro marco familiar y los líderes no debemos tirar más leña al fuego sino ayudarles a hacer esa evaluación de manera positiva.

- Prepárate para hablar con ellos sobre sentimientos y emociones. Su vida durante esta etapa va a ser un carrusel de altibajos en el área emocional y necesitarán alguien maduro, y por lo tanto estable, que los acompañe.

PARA EL DISCIPULADO DE JÓVENES:

- Así como en la etapa anterior el discipulado comunal es vital, en esta pasamos a la etapa crucial para el discipulado personal. La palabra mentor se hace más importante que nunca porque eso es lo que necesitan y deberás aprender a hacer preguntas difíciles, incluso las más íntimas.

- Preséntales opciones a los jóvenes sin darles órdenes y, sobre todo, sin tomar decisiones por ellos. Enséñales a tomar sus decisiones en base a la Palabra de Dios. El coaching es una buena disciplina para sumar a tus habilidades y en el Instituto online de e625.com también tienes un curso fundacional de coaching generacional.

- Esta es la etapa de elegir una profesión, una pareja para casarse, planificar su futuro, y descubrir su propósito de vida o incluso un llamamiento ministerial, y los temas de conversación del discipulado tienen que aterrizarse en estos dilemas.

ALGUNOS CAMBIOS DE PARADIGMA:

- La edad no es una limitante para hacer discípulos pero sí hay que hacer adaptaciones pertinentes según la etapa.

- Discipular a los adultos **no** es más valioso que discipular a los más pequeños.

- Transmitir una cultura requiere tiempo, enfoque y esfuerzo.

IMPLEMENTA IDEAS QUE CAMBIEN LA CULTURA:

- Trabaja una visión de *Liderazgo Generacional*[1]. (Si no leíste este libro tienes que hacerlo cuanto antes). Reúne a todas las áreas de tu congregación que estén dedicadas a las nuevas generaciones y suma a los ministerios de adultos planificando una actividad conjunta con el foco de que el discipulado de nuevas generaciones sea una prioridad para toda tu iglesia, así como fue encargado por Dios en Deuteronomio 6. Verás que de vez en cuando es bueno que se escuchen las cabezas y corazones de todos para coordinar esfuerzos.

- Organiza las cosas de manera que las nuevas generaciones por etapa dirijan una reunión en alguno o varios momentos del año. Dales responsabilidades a los preadolescentes, anima a los adolescentes a ser ejemplo para los más pequeños, entrena a los jóvenes para modelar conductas en los adolescentes y provee ejemplos de madurez para dar pasos firmes hacia la siguiente etapa en la que se encuentren.

---

1. Lucas Leys. *Liderazgo Generacional*. Editorial e625. Dallas, Texas. 2017

EL DISCIPULADO SUCEDE EN PROCESOS

«Cuando la iglesia se convierte en un fin en sí misma, termina. Cuando cualquier ministerio, por grandioso que sea, se convierte en un fin en sí mismo, termina. Lo que necesitamos es que el discipulado se convierta en la meta, y entonces el proceso de conversión y santificación nunca terminará».

Robby Gallaty

Cuando hablamos de discipular a otros debemos pensar en cómo llevar a los discípulos de un lugar a otro en su madurez. Se trata de ir desde *aquí* hasta *allá*, y para eso se requiere trazar una ruta que marque los pasos de ese crecimiento sostenido que buscamos y entender que hay pasos intermedios en el camino. Cuando entendemos esto mejor, le bajamos el volumen a nuestra valoración de los eventos y le ponemos más cuidado a una visión progresiva de procesos.

Una cosa es aprender un principio y otra diferente es vivirlo. Lo primero es un acto intelectual, algo que se puede recibir en una clase. Pero para llevar un principio a la práctica se requiere decisión, esfuerzo y el cumplimiento de metas que nos ayuden a que este principio pase a formar parte de nuestra cultura, de nuestra forma de vida.

LE BAJAMOS EL VOLUMEN A NUESTRA VALORACIÓN DE LOS EVENTOS Y LE PONEMOS MÁS CUIDADO A UNA VISIÓN PROGRESIVA DE PROCESOS

Por eso, alguien que decide discipular no puede conformarse con enseñar principios, pues eso es apenas la primera parte. Es necesario que esos principios sean parte de la cultura del discipulador, para que pueda transmitirlos de manera tal que pasen a ser parte de la cultura del que es discipulado.

Se trata de un estilo de vida que debe surgir de forma natural y no forzada.

EL PENTÁGONO DEL APRENDIZAJE APLICADO AL DISCIPULADO

En el libro *Liderazgo Generacional*[1] se describe la necesidad de mejorar los métodos de enseñanza desde un matiz relacional con el siguiente pentágono:

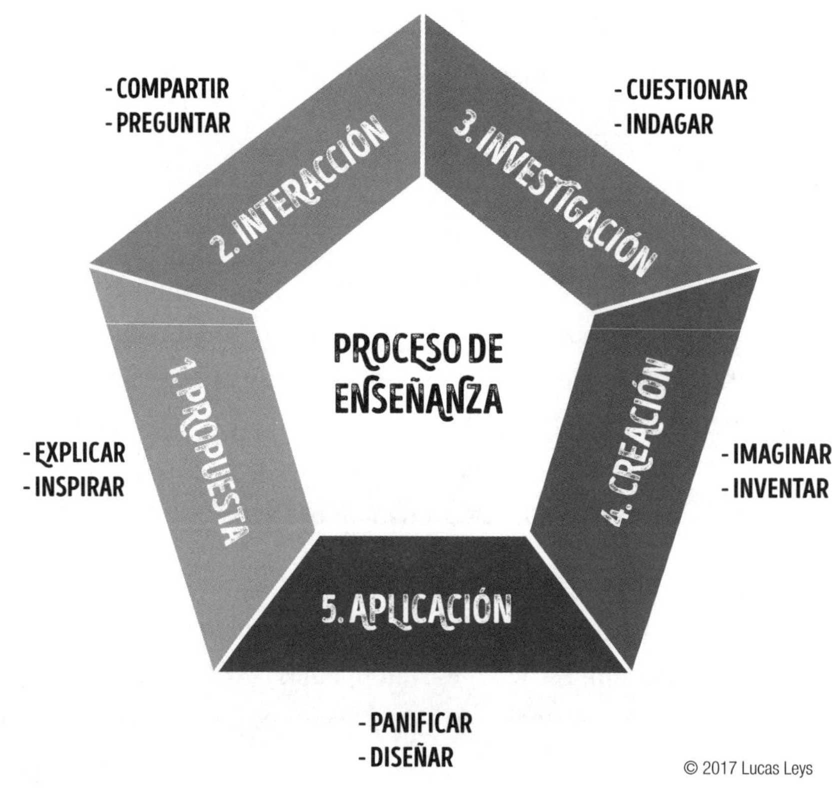

© 2017 Lucas Leys

---

1. Lucas Leys. *Liderazgo Generacional*. Editorial e625. Dallas, Texas. 2017. Pág. 148

Cada uno de los lados del pentágono marca una dimensión del accionar que los discipuladores debemos observar. Si lo analizas bien, comprenderás la necesidad de formar discípulos a través de procesos, en lugar de simplemente tener alumnos en una clase.

Aquí te mostramos un ejemplo de cómo funciona este proceso:

1. PROPUESTA: Elegir un aspecto del carácter de Cristo.

2. INTERACCIÓN: Explorar las diferentes apreciaciones sobre el tema.

3. INVESTIGACIÓN: Buscar lo que la Biblia dice al respecto.

4. CREACIÓN: Crear un método para ponerlo en práctica.

5. APLICACIÓN: Vivirlo en carne propia y rendir cuentas de ello.

Un proceso puede estar enfocado en un área específica de la vida del discípulo, en una temática concreta, en un aspecto del carácter, etc., por lo que de la misma forma puedes ir creando diferentes propuestas de procesos que se adapten a los principios de este pentágono. Nada es rígido. Por el contrario, todo es adaptable y mejorable al 100% y puedes leer más en el libro mencionado y escuchar una conferencia cuando pasemos por tu ciudad.

Aunque este libro propone un proyecto corto, es tan solo una herramienta para encaminar un proceso a largo plazo cuya meta final es formar el carácter de Cristo en la vida del creyente, y eso dependerá de la relación entre el discipulador y el discípulo, y de lo dispuestos que ambos estén para ser formados a lo largo de este proceso.

ALGUNOS CAMBIOS DE PARADIGMA:

- El discipulado no es un discurso proposicional sino un proceso de internalización de verdades que respeta las distintas aptitudes de nuestro cerebro para aprender.

- El predicador comparte un monólogo, el maestro imparte una clase, el discipulador acompaña procesos.

- La relación entre discipuladores y discípulos es la naturaleza misma del discipulado.

IMPLEMENTA IDEAS QUE CAMBIEN LA CULTURA:

- Acostúmbrate a crear procesos. Las predicaciones y clases sueltas resuelven muy poco en la comprensión de las personas. Usa series, lecciones inductivas de larga duración y distintas instancias para que distintas personas internalicen los contenidos de lo que quieres que se practique.

- El llamado no fue a hacer reuniones donde nos paramos para cantar y luego escuchamos un discurso. Piensa fuera del templo, del aula y del discurso.

ACOMPAÑAMIENTO Y MENTOREO

«Creo en el poder transformador del Espíritu de Dios y que Jesús puede ser formado en la vida de las nuevas generaciones. Trabajo desde su realidad, no desde la ficción».

Félix Ortiz

Según lo que podemos notar en el Nuevo Testamento, el apóstol Pablo llegaba a una ciudad, predicaba y después continuaba trabajando con algunos creyentes selectos hasta formar en ellos el carácter de Cristo para que luego ellos hicieran lo mismo con otros. Cuando era el tiempo, salía de allí pero no se desconectaba de ellos: seguía dándoles instrucciones a través de sus escritos.

Si estamos hablando de relaciones y procesos tenemos que plantear el desarrollo de las relaciones en fases o etapas y por eso es bueno incluir la palabra proyecto. Si queremos formar discípulos con madurez, que reflejen verdaderamente el carácter de Cristo, debemos formar los atributos de Cristo primero en nosotros y luego ir desarrollando cada uno de los aspectos de nuestros compromisos personales modelándolos a otras vidas. Pablo decía: «Sean imitadores de mí, así como yo lo soy de Cristo» y esto puede tomar años aunque a la vez, es recomendable plantarlo con fases y tiempos para luego soltar a los discípulos para que vayan y ellos repitan el proceso con otros.

LA MAYOR RIQUEZA DEL DISCIPULADO ESTÁ EN LA RELACIÓN

La relación con tus discipulados puede durar toda la vida, e incluso quizás te perciban como una referencia espiritual, pero eso no significa necesariamente que los roles son eternos y que no van a avanzar, por eso el punto es acompañarlos en esta etapa para ayudarles a dar los pasos de maduración que necesitan dar en este periodo en el que se encuentran. Este «estar en contacto» puede valerse de herramientas digitales como video chats, redes y herramientas similares pero el punto es mentorear, es decir, modelar para transferir ciertas enseñanzas vitales que deben aprender en una etapa de la vida.

Mira lo que dice el libro de Éxodo acerca de la relación de Dios con Moisés. Aunque Moisés no pudo mirar directamente el rostro de Dios, pues hubiera caído muerto, su encuentro personal con el Eterno produjo en él un peso de gloria que los demás no pudieron dejar de reconocer.

> *«En la tienda de reunión, el Señor le hablaba a Moisés cara a cara, como un hombre habla con su amigo. Después Moisés regresaba al campamento, pero el joven que le ayudaba, Josué hijo de Nun, nunca se alejaba de la Tienda de reunión».*
> **Éxodo 33:11**

Es decir que la cercanía con un buen modelo tiene un impacto que tarde o temprano todos van a notar. Moisés fue discipulado por Dios, así como todos nosotros podemos serlo. Ese proceso está basado en la relación que alcancemos con Él. De la misma forma, todos podemos acompañar a otro en su proceso de crecimiento.

ALGUNOS CAMBIOS DE PARADIGMA:

- No hay discipulado sin acompañamiento.

- La mayor riqueza del discipulado está en la relación.

- La relación de discipulado puede ser hasta la muerte, aunque suele cambiar de roles según las etapas de la vida.

IMPLEMENTA IDEAS QUE CAMBIEN LA CULTURA:

- Tómate un tiempo personal con cada persona que tengas en un grupo de discipulado.

- Deja que las personas de tu grupo conozcan aspectos de tu vida que están fuera de una clase semanal.

- Que desde temprano tengan en mente que un día ellos deberán hacer lo mismo con otros. Así el cambio no se quedará solo en tu esfuerzo, ya que la responsabilidad de hacer discípulos es de todos los creyentes.

- Crea proyectos para etapas específicas con resultados precisos.

INVOLUCRAMIENTO DE LOS PADRES

«Los cristianos disciplinamos a nuestros hijos no para que nos hagan felices, sino para que sirvan a Cristo como adultos. Los educamos no para que puedan tener un buen trabajo, sino para que sean el mejor seguidor de Jesús que puedan ser».

Chap Bettis

Todos los padres cristianos están involucrados en el discipulado de sus hijos aunque no lo sepan o no sean intencionales al respecto, y el trabajo de los líderes de cada iglesia es asegurarnos de que se enteren y ayudarlos para que sean intencionales en hacerlo mejor.

Conforme los hijos van creciendo, su capacidad y necesidad de relacionarse con otros modelos también crece y ahí es donde entramos nosotros, pero no como algo paralelo a la familia sino sumando fuerzas de manera colaborativa. El punto es que una constante interacción entre el liderazgo y los padres llega mucho más lejos de lo que sospechamos. El rol de los padres decrece conforme los hijos crecen y es necesario que esto suceda, pues de lo contrario, jamás podrían entregar hijos maduros que sirvan efectivamente al reino de los cielos, pero, otra vez,... este es un PROCESO lento, paciente y que podríamos llamar artesanal, y es por eso que los

TODOS LOS PADRES CRISTIANOS ESTÁN INVOLUCRADOS EN EL DISCIPULADO DE SUS HIJOS AUNQUE NO LO SEPAN

que trabajamos en el discipulado desde la perspectiva de la iglesia necesitamos alimentar una relación positiva también con los padres.

El rol de cada uno podría ir variando a lo largo del tiempo, de esta manera:

6 A 9	10 A 13	14 A 17	18 A 25

6 A 9
- Los niños son discipulados por sus padres.
- Los padres son el modelo más claro a seguir.
- Los líderes apoyan el liderazgo de los padres.
- El contacto con preadolescentes es vital.

10 A 13
- Los padres son un modelo importante, al igual que los líderes y maestros.
- Los padres deben conseguir otros adultos para apoyar su labor.
- El contacto con adolescentes positivos es vital.

14 A 17
- Los padres modelan.
- Los líderes son mentores.
- Los padres deben relacionarse con los amigos de sus hijos.
- El contacto con jóvenes que sean buenos modelos es vital.

18 A 25
- Los padres y líderes delegan autonomia
- Los lideres deben ser mentores de vida y coaches en decisiones especificas.
- El contacto con matrimonios jóvenes de buen testimonio es vital.

ALGUNOS CAMBIOS DE PARADIGMAS:

- La función de los padres va cambiando conforme avanzan las edades.
- Los líderes sin los padres no pueden llegar demasiado lejos.

- Los padres deben aprender a apoyarse en los líderes.

IMPLEMENTA IDEAS QUE CAMBIEN LA CULTURA:

- Establece un buen ritmo de reuniones con los padres según la edad de tu público.

- Promueve reuniones de padres e hijos más seguido. La interacción que eso produce rescata el diseño de Dios para la Iglesia.

- Como discipulador, debes pensar siempre en cada discípulo dentro de un contexto familiar. Siempre habrá gente cercana que puede ser una buena influencia para el desarrollo de aquel a quien estás discipulando.

- Que los padres no cristianos se enteren que la iglesia está para servirlos a ayudarles en su paternidad.

EL PRINCIPIO DEL ESPEJO

«El discipulado es el proceso de convertirte en quien sería Jesús si él fueras tú».

Dallas Willard

El apóstol Juan puso este principio en claro: *«El que afirma que está unido a Dios, debe vivir como Jesucristo vivió».* **(1 Juan 2:6)**

El primer gran compromiso de quienes nos entregamos al proyecto del discipulado es reflejar a Cristo en todo: su carácter, pasión, decisión, voluntad y transparencia. Por eso se dice que nadie puede discipular si primero no es un discípulo. Aquel que está dispuesto a ser un discípulo intenta parecerse cada día más a Jesús puesto que Él vino, a su vez, a reflejar al Padre. Como dice Pablo, Cristo es la imagen del Dios invisible (Colosenses 1:15).

El segundo gran compromiso es contagiar a otro a parecerse también a Jesús y por esta razón tenemos una responsabilidad emocionante y descomunal que en ocasiones nos puede intimidar, por lo cual también debemos aprender de Jesús su dependencia de Dios. En Juan 15:15 lo encontramos diciendo: «Yo soy la vid y ustedes son las ramas. El que está unido a mí, como yo estoy unido a él, dará mucho fruto. Si están separados de mí no pueden hacer nada.»

Qué bueno saber que tenemos un Dios grande y poderoso y que renueva por nosotros su misericordia continuamente porque la necesitaremos en este proceso. Si dependemos de Él en el proyecto del discipulado, ¡seguro tendremos éxito!

Si lo piensas bien, verás que la creación tiene ese diseño. Todo aquello que Dios creó tiene su sello de propiedad. Todo se parece a Él. Todo fue hecho por Él, por medio de Él, y para Él. El Génesis relata la historia de la creación del ser humano diciendo que fue hecho «a imagen y semejanza de Dios». Es decir, fue creado como un espejo que lo refleja a Él y partir de este principio podríamos diseñar un proceso de discipulado de la siguiente manera:

1. Conozco un aspecto del carácter de Cristo. Por ejemplo: el amor.

2. Anhelo parecerme a Él en ese aspecto.

3. Dejo de amar a mi manera, para comenzar a amar como Él amó.

4. Batallo contra los argumentos que me impidan amar como Él amó.

5. Vivo y practico su amor.

6. Enseño a otros a amar como Él.

7. Luego elijo otro aspecto del carácter de Cristo para imitar... y así vuelve a comenzar todo el proceso.

De esta manera, el proceso de discipulado durará, en realidad, toda la vida porque en cada aspecto podemos encontrar una nueva profundidad en la siguiente etapa y qué bueno poder trabajarla con quienes tengamos a cargo.

ALGUNOS CAMBIOS DE PARADIGMA:

- Reflejar a Jesús en nuestra propia vida es más importante que dar un buen sermón o clase acerca de Jesús. Eso significa morir a mí mismo para que Él viva en mí.

- Toda la creación fue hecha a imagen de Dios y debemos y podemos recuperar ese diseño.

- Reflejar a Cristo no es un sentimiento o un dicho romántico para una linda canción sino una acción concreta en la que modelas su carácter.

IMPLEMENTA IDEAS QUE CAMBIEN LA CULTURA:

- Elije aspectos específicos del carácter de Jesús para reflejar, comprender y desarrollar.

- Elabora un plan progresivo y ordenado de enseñanza. Coloca carteles que digan algo como: «Este es el mes del amor». Puedes usar videos e imágenes con este fin, y pueden darse testimonios sobre experiencias de dar y recibir amor, así todos los involucrados en el proyecto de discipulado tienen en claro el objetivo tangible que se está trabajando.

> **REFLEJAR A CRISTO NO ES UN SENTIMIENTO O UN DICHO ROMÁNTICO PARA UNA LINDA CANCIÓN SINO UNA ACCIÓN CONCRETA EN LA QUE MODELAS SU CARÁCTER**

PRINCIPIO 9

ACTIVIDADES CON PROPÓSITO

«Recrearnos no es un lujo, es una necesidad de todo seguidor de Jesús para poder continuar siendo agentes de restauración y reconciliación en un mundo roto».
Félix Ortiz

Cuando salimos mentalmente del templo, el aula y la liturgia nuestro panorama se amplía al punto que encontramos nuevos escenarios y posibilidades para lograr el gran propósito del discipulado, que es que la gente que afectamos se parezca más a Jesús.

Para los mejores discipuladores todo se realiza con un propósito, tanto las relaciones y conversaciones espontaneas en cada oportunidad disponible, como los buenos programas que faciliten la internalización de las conductas deseadas.

Algunas de estas actividades serán para fortalecer la relación personal o de un grupo pequeño. En cambio, otras deberán incluir a la comunidad. Así es como les enseñamos a los niños, preadolescentes, adolescentes y jóvenes a ser un cuerpo. Allí se pondrán en evidencia también los problemas del carácter y aprenderán a apoyarse unos a otros. Entonces, los discipuladores estarán pendientes de las reacciones de los discípulos para seguir formando a Cristo en ellos, y también los discípulos tendrán el ojo puesto en sus discipuladores para imitarles. En esas situaciones te darás cuenta de que ellos te miran más de lo que imaginas.

Recuerda que no se trata de ideas creativas para que sean creativas, o actividades espectaculares con el afán de que sean espectaculares. Desde el punto de vista

PIDÁMOSLE A DIOS SABIDURÍA PARA LOGRAR QUE CADA ACTIVIDAD SE ALINEE A SUS INTENCIONES PARA NUESTROS MINISTERIOS

del discipulado, aun la espectacularidad de un programa es sencillamente como herramienta pedagógica (y no para que te luzcas). Los objetivos de fondo son favorecer convivencia, crear interés y facilitar lecciones prácticas en las que modelar principios.

Piensa en todas estas actividades desde las perspectivas del propósito del discipulado y les encontrarás una nueva dimensión:

- Una caminata al aire libre

- Practicar un deporte

- Subir una montaña

- Nadar juntos

- Plantar o cuidar una planta o árbol

- Leer un libro

- Visitar enfermos, ancianos o huérfanos

- Ver una película

- Ir al teatro, circo, danza, etc.

- Realizar un proyecto de carpintería

- Tocar o cantar una canción que puedan analizar juntos

- Visitar a un familiar

Las posibilidades son ilimitadas.

Pidámosle a Dios sabiduría para lograr que cada actividad se alinee a sus intenciones para nuestros ministerios.

ALGUNOS CAMBIOS DE PARADIGMAS:

- La recreación, el juego y la convivencia son excelentes herramientas ministeriales cuando se hacen con propósito.

- Las actividades planificadas fuera del templo son tan ricas y necesarias como las que suceden dentro.

- El discipulado no se reduce a que escuchen sino que debemos lograr que vean y hagan y por eso es necesario crear estas instancias con nuestros programas.

IMPLEMENTA IDEAS QUE CAMBIEN LA CULTURA:

- Planifica a largo plazo y comparte el plan con todos los que puedas.

- Presenta un informe público de todas las actividades que realices fuera del templo. Siempre es mejor cuando todos se van enterando de las riquezas que se consiguen en el discipulado personal.

- Transmíteles con insistencia a todos los involucrados en tu ministerio la idea de que tu misión no es que escuchen una proposición bíblica en silencio y digan amén. Promueve una cultura de convivencia, acciones y experiencias y no solamente de sermones y clases.

EL LLAMADO ES PARA TODOS

«El discipulado no es una opción».

Tim Keller

Pensar que solo los pastores tienen el llamado de discipular a otros es una tontería. La gran comisión de ir y hacer discípulos (Mateo 28:16-20, Marcos 16.14-18, Lucas 24.36-49 y Juan 20.19-23) fue dada a todos los discípulos.

Si reconocemos a Jesús como nuestro salvador y Señor entonces tenemos un llamado al discipulado.

Todos los cristianos debemos discipular, y hacerlo es uno de los regalos más tremendos que podemos hacerle a nuestro crecimiento porque todos aprendemos enseñando. Todos hemos recibido algo que podemos dar y hemos aprendido algo que podemos enseñar. En el camino, algunos se llenan de temor, o de justificaciones, pensando que hay que prepararse mucho o que pueden cometer algún error, pero la noticia es que todos estamos en proceso de aprendizaje porque nunca dejamos de ser discípulos, y claro que vamos a cometer errores. Eso no es ni una novedad ni una tragedia.

Si Cristo confía en nosotros para esta tarea, debe ser porque podemos hacerlo.

Si la iglesia continúa con el pensamiento de que un sermón es suficiente para hacer discípulos, entonces seguiremos viendo pastores agotados y continuaremos convirtiendo a los buenos predicadores en celebridades porque hablan bien aunque no consigan lo que Dios quiere que consigamos. Dios quiere discípulos y no personas

SI RECONOCEMOS A JESÚS COMO NUESTRO SALVADOR Y SEÑOR ENTONCES TENEMOS UN LLAMADO AL DISCIPULADO

con buena moral y algo de conocimiento bíblico que se porten como cristianos en un templo el fin de semana.

Discípulos.

Los sermones, los cantos y el templo son herramientas y no objetivos y cuando son bien usados ayudan a que produzcamos... discípulos de Jesús. Y qué gran noticia es que hay otras herramientas y mecanismos modelados por el mismo Jesús para lograrlo.

Y ahí aparece la acción más importante de todas: modelar, ser modelo. Algo que los adultos y aún los jóvenes siempre hacemos para las nuevas generaciones aunque no seamos conscientes de que lo hacemos. Toda la propuesta del Liderazgo Generacional está ligada a esta realidad y nos invita a ser intencionales con ella. Todos los adultos cristianos están involucrados en el discipulado de los jóvenes aunque quizás sin saberlo. Los jóvenes están listos para discipular a los adolescentes porque ya les están modelando de qué se trata la siguiente etapa y los adolescentes, a su vez, están haciendo lo mismo con los preadolescentes y los preadolescentes son mirados por los niños. Es un proceso natural y es mucho más eficaz cuando somos conscientes y lo hacemos con devoción, astucia y fidelidad.

ALGUNOS CAMBIOS DE PARADIGMA:

- El discipulado es tarea de todos los hijos de Dios.

- Los pastores y líderes que no muevan a todos a discipular, tarde o temprano se agotarán o caerán en la superficialidad, o ambas cosas.

- El discipulado es algo que ya podemos estar haciendo sin darnos cuenta pero que podemos mejorar exponencialmente si lo comenzamos a hacer de manera intencional.

IMPLEMENTA IDEAS QUE CAMBIEN LA CULTURA:

- La importancia del discipulado debe comunicarse en privado y en público y continuamente.

- Delega autoridad y no solo trabajo en tu equipo de trabajo y voluntarios.

- Celebra lo que Dios celebra y no lo que ya celebra el mundo (como la fama, la afinación, la belleza o la elocuencia).

- Involucra en el ministerio y el discipulado a las nuevas generaciones a edad temprana. Ellos ya nos están mirando.

10 LECCIONES PARA DISCIPULAR PREADOLESCENTES

El discipulado es un llamado a una aventura emocionante, y es también un enorme desafío.

La etapa de la preadolescencia es previa a la pubertad, y se caracteriza por la aparición del pensamiento abstracto, el desapego a la fantasía infantil, y el comienzo de la intencionalidad respecto al futuro. Cuando trabajamos en el discipulado de preadolescentes, estamos edificando las bases del carácter y la personalidad que regirán sus vidas durante la adolescencia y sentarán el comienzo de sus valores futuros. Por esa razón, cada lección que llevemos adelante, cada reunión, y cada espacio individual de mentoreo y acompañamiento, deben ser un momento intencional para afirmar su identidad en Cristo y su carácter sobre esa roca. Lo que deseamos con este material es lograr darles a los discípulos todas las herramientas necesarias para disfrutar a pleno esta etapa y que nunca lleguen a estancarse en una inercia religiosa.

Las siguientes lecciones están diseñadas bajo la secuencia o modelo «AFIRMA», que obedece al proceso desarrollado en el siguiente acróstico:

 **A**valancha de ideas

 **F**undamentos del tema

 **I**lumínate con la verdad

 **R**eflexión personal

 **M**edita en un personaje

 **A**cciones concretas

Como verás, cada letra conduce a una imagen que refleja la intención de cada paso en este proceso de discipulado. Este modelo «AFIRMA» facilita un proceso de discipulado en el que tanto los maestros como cada aprendiz son desafiados a crecer y madurar.

Estos son los detalles de cada paso:

1. **A**valancha de ideas. Recoge diversas opiniones acerca del tema propuesto: lo que se escucha entre los preadolescentes, lo que se dice por las calles, y lo que la sociedad percibe desde distintos puntos de vista.

2. **F**undamentos del tema. Es un compendio de fundamentos teóricos que nos ayudan a clarificar ideas y a generar un sustento bíblico, científico y filosófico sobre el tema propuesto.

3. **I**lumínate con la verdad. Contiene el desarrollo bíblico necesario para formar al preadolescente en los principios de la Palabra de Dios. Los criterios expresados apuntan a que los preadolescentes puedan encontrar en la Escritura las respuestas a todas las problemáticas de la vida.

4. **R**eflexión personal. Abarca preguntas que ayuden al preadolescente a adquirir un criterio adecuado sobre el tema en base a su propio análisis. Puede incluir discusiones abiertas para escuchar las opiniones de otros miembros del grupo.

5. **M**edita en un personaje. En esta sección apuntamos la atención a dos personas, reales o imaginarias, que ilustran el tema de la lección. El primero será un personaje de actualidad, de alguna película o comic, o

de algún libro, que sea conocido por los preadolescentes. El segundo será un personaje bíblico.

6. **A**cciones concretas. Aquí discipulador y discípulo generan juntos un listado de acciones particulares para ser implementadas luego de haber terminado la lección. De este modo el tema no se queda en contenido teórico, sino que se impulsa al preadolescente a poner en práctica lo aprendido.

Esta secuencia también te servirá para crear otros temas y lecciones, o potenciar otros materiales de www.e625.com a los que puedas acceder.

Quien lidera el discipulado (¡tú!) deberá estudiar la lección y profundizar en ella para luego determinar el tratamiento que quiere darle a cada paso. Algunos temas serán más candentes y otros más urgentes dependiendo del contexto de los discípulos, así que algunas lecciones podrían durar una, dos, o tres semanas, según lo que tú o tu equipo y el Espíritu Santo establezcan.

Sí.

Será indispensable que cada discipulador camine en una relación estrecha con el Espíritu Santo para que pueda ser guiado por Él y así impactar a una nueva generación de discípulos.

ADVERTENCIA:

A partir de aquí asumimos que ya le brindaste una cuidadosa lectura a las recomendaciones de la Sección 1 y que todos los miembros de tu equipo pasaron por un entrenamiento táctico previo antes de iniciar las lecciones que comienzan a continuación.

Ya dejamos en claro que los padres son los primeros llamados a discipular a sus hijos así que no es una mala idea de que comiences este material con un mini-entrenamiento para ellos también, o al menos con una presentación previa informándoles que compartirás las siguientes lecciones de este proyecto de discipulado con sus hijos.

Este proyecto intenta movilizar a más personas para que asuman el desafío de no seguir sentadas en una comodidad religiosa, sino que sean de ayuda a las generaciones que vienen detrás, dentro y fuera de las reuniones o los templos.

LECCIÓN 1

UNA AVENTURA EMOCIONANTE

*«Todo lo que piensas y haces está teñido
por el color de las emociones».*
Karen Lacota *(Decisiones de mujer)*

Dios no solo está interesado en que admitamos su existencia, sino en que vivamos como Jesús, y la etapa de la preadolescencia es en cierto modo una aventura intelectual, ya que ahora los chicos y chicas desean averiguar el porqué de las historias, y no solamente quién era quién y qué hicieron los personajes en cada escena de la Biblia.

Ahora necesitan conectar la Biblia con su historia personal, esa que ahora comienzan a imaginar con más precisión. Esto, a su vez, va a comenzar a darles algo de ansiedad y vértigo, y por eso es vital que cuanto antes aprendan a trabajar con sus emociones.

🧠 AVALANCHA DE IDEAS

Las actividades introductorias son ideales para conectar al grupo con el tema que se va a tratar. Esta vez iniciaremos de la siguiente manera:

Prepara fotografías en las que se vean diferentes tipos de reacciones emocionales (risa, llanto, desagrado, ira, desánimo, etc.). Divide al grupo en dos y organiza una competencia. El grupo que mejor pueda sostener en el tiempo la reacción de la lámina ganará un punto. Cuando estén listos, empieza a sacar las láminas. Verás que las reacciones son completamente exageradas si quieren ganar. Intenta que agoten sus fuerzas mientras compiten, pero ten cuidado de terminar la actividad antes de que se aburran.

Si tu reunión es virtual, no necesitas dividir al grupo en dos, y la actividad puede realizarse de manera que produzca el mismo efecto. En este caso, te sugerimos pasar las fotos, una a una, en un chat grupal que hayas creado previamente, y luego en la reunión cada uno podrá jugar a mostrar las distintas reacciones con su rostro. Como todos están mirándose, el resultado va a ser el mismo.

Luego de eso, plantea estas situaciones hipotéticas y pídeles que te digan lo que sentirían en cada una de ellas:

- Manejar un auto de carreras.

- Ganar un premio Oscar o un Grammy.

- Llamar la atención de todos modelando en una pasarela.

- Arrojarse de un avión con paracaídas.

- Cuando su equipo gana un campeonato internacional.

- Cuando los mira alguien que les gusta.

- Cuando pasan vergüenza por algo.

- El divorcio de los padres.

- Cuando alguien traiciona su confianza.

- La muerte de un ser querido.

La pregunta siempre es: «¿Cómo te haría sentir esta circunstancia?». Incluso, dependiendo de tu grupo, puedes desafiarlos a actuar estas situaciones de a dos (y te sorprenderá cuántos buenos actores y actrices tienes).

Observa que los ejemplos, aunque no siguen un orden estricto, van de la alegría hacia la tristeza. Tómate el tiempo para explorar cada idea hasta que el grupo pueda sentir alguna emoción. Intenta que imaginen la situación cerrando sus ojos, o, como dijimos, actuando la propuesta.

Al finalizar, y si no surgió ya naturalmente, puedes pedirles a dos de ellos que cuenten alguna vivencia personal en la que hayan experimentado una emoción muy fuerte.

 FUNDAMENTOS DEL TEMA

Las emociones pueden ser como una montaña rusa, llenas de altos y bajos, subidas violentas, y espacios de relativa calma. Por ello, piensa que en la mente del prea-dolescente se mezclan las distintas reacciones que las personas sienten cuando están en una montaña rusa.

La historia vista desde el lado de los padres es diferente, pero no por eso menos sufrida. A menudo se encuentran desconcertados de ver que sus hijos e hijas han dejado de ser niños y niñas para convertirse en alguna clase de monstruo tenebroso que no quieren enfrentar. Las reacciones de este monstruo, además, son intensas, repentinas, y sin moti-vo aparente. Lamentablemente, la mayoría de los padres consideran estos arranques emocionales como faltas de respeto o mues-tras de rebeldía. Y es lógico que piensen así, pues muchas de las reacciones de sus hijos pueden llegar a ser ofensivas. El secreto para que los padres puedan sobre-llevar esta etapa dramática de la mejor manera posible es que sepan que mucho de lo que dicen y hacen sus hijos no es planeado, ni tampoco permanecerá allí por largo tiempo.

> **EN LA MENTE DEL PREADOLESCENTE SE MEZCLAN LAS DISTINTAS REACCIONES QUE LAS PERSONAS SIENTEN CUANDO ESTÁN EN UNA MONTAÑA RUSA**

De a poquito esos cambios de humor irán siendo controlados por un espíritu más maduro, que se irá desarrollando en ellos a medida que el discipulado va dando resultados (aunque ten claro que no debe ser tu intención que dejen de ser preadolescentes, porque por diseño de Dios ¡esa es la etapa en la que se encuentran!).

Puedes ayudar a tu grupo a avanzar en este camino de la madurez si les enseñas un poco acerca de los sentimientos y las emociones. Una buena explicación sobre la diferencia entre estas dos palabras es la siguiente:

Las emociones son intensas y de corta duración. Conllevan una gran dosis hormonal y, así como aparecen súbitamente, de la misma forma desaparecen. Algunos ejemplos de emociones pueden ser: ira, alegría, rabia, o pasión.

Los sentimientos son más lentos en aparecer, surgen de a poco, y la experiencia se mantiene por más tiempo. Por ejemplo: la ilusión del enamoramiento, la tristeza, un enojo leve, o la frustración. De todas maneras, algunos sentimientos pueden llegar a ser muy intensos y mantenerse así durante un largo tiempo. Incluso pueden llegar a convertirse en patologías, como la depresión.

Esto es lo que debes dejarles bien claro a los preadolescentes respecto de sus emociones en esta etapa:

- Es una etapa de altibajos emocionales. Es normal que un día estés bien y al otro día te sientas de lo peor.

- Esos cambios en de humor no tienen un motivo aparente, simplemente suceden.

- El mundo no es tu enemigo. Aunque sientas que nadie te entiende, la humanidad no está en tu contra.

- Nadie te mira raro. No creas que por estar atravesando la preadolescencia eres un espécimen extraño al que todos quieren observar. Todos hemos pasado por allí.

- Siempre hay gente a tu alrededor que puede ser de ayuda si necesitas desahogarte. Solamente debes escogerla bien.

Algo para no olvidar es que debemos estar conectados también con sus padres. Muchas veces los preadolescentes viven situaciones en las que necesitan a los que más aman dispuestos a escucharlos y amarlos incondicionalmente. Los padres deben ser entrenados en esto, y también advertidos sobre los cambios emocionales que sus hijos están experimentando o van a experimentar.

📖 ILUMÍNATE CON LA VERDAD

Hay algunas emociones que son positivas, mientras que otras pueden ser peligrosas si las dejamos anidar. La Palabra de Dios, así como para todos los aspectos de la vida, contiene algunos consejos sobre esto, consejos que nos pueden servir para entender y manejar mejor nuestras emociones. Veamos, por ejemplo, Proverbios 15. (Puedes leer todo el capítulo si deseas ir más profundo con tu grupo, pero aquí analizaremos solo algunos versículos).

«La respuesta amable calma el enojo, pero la respuesta grosera lo hace encenderse más». (v.1)

«El corazón feliz, alegra la cara; el corazón lastimado, entristece el espíritu». (v.13)

«Para el afligido, todos los días traen problemas; para el de corazón alegre, todos los días son de fiesta». (v.15)

«El que se enoja fácilmente provoca peleas; el que controla su enojo las apacigua». (v.18)

Como puedes ver, ¡el libro de Proverbios trae mucha sabiduría! Aquí hemos elegido estos cuatro versículos para tomar ejemplos de emociones, y de cómo manejarlas:

- El verso 1 nos habla del enojo. Todos podemos enojarnos, pero hay una alternativa real y 100% efectiva para calmar el enojo de otra persona, y esta es responder amablemente.

- El verso 13 nos habla de la alegría y del corazón feliz. La alegría puede cambiar el rostro de una persona. Pero también allí está la antítesis, la tristeza, que puede provocar un espíritu acongojado.

- El verso 15 habla de las aflicciones y la tristeza. No existe una sola persona en el mundo que no sienta tristeza, y es bueno sentirla cuando hay causas legítimas, como por ejemplo la muerte de un ser querido. Pero tenemos que aprender a canalizarla positivamente, y nunca perder la alegría que produce el agradecimiento.

- El verso 18 habla nuevamente del enojo y de cómo este se relaciona con las peleas. Pero también nos presenta un dato esperanzador: ¡el enojo puede ser controlado!

Veamos ahora un texto en el que Pablo les habla a los creyentes de la iglesia de Corinto acerca de la tristeza:

«La tristeza que proviene de Dios produce el arrepentimiento que lleva a la salvación, de la cual no hay que arrepentirse, mientras que la tristeza del mundo produce la muerte». 2 Corintios 7:10 (NVI)

Aquí el apóstol Pablo está haciendo un juego de palabras y estableciendo un contraste. Hay dos tipos de tristezas. La que tiene que ver con la culpa, que se disipa con el arrepentimiento, y por otro lado la tristeza del mundo, que tiene que ver con la ansiedad que transmite la sociedad y que no produce nada bueno en nosotros.

Cuando pecamos, el Espíritu Santo nos habla a la conciencia, y esta nos llena de tristeza con el objetivo de que dejemos el pecado y volvamos a acercarnos a Dios. Por el contrario, la tristeza que produce el mundo suele ser una ansiedad por no sentirnos suficientemente amados, y eso va matando nuestro corazón.

Así que: ¡hablemos también de amor!

La Palabra de Dios dice muchas cosas acerca del amor y algo sumamente importante es saber distinguir entre el amor espiritual y el amor sentimental o romántico.

El amor romántico es un sentimiento humano que te acerca a una persona con la intención de establecer una relación de pareja, aunque también amamos sentimentalmente a personas cercanas con quienes hemos vivido cosas importantes. En la etapa de la preadolescencia, con el cúmulo de emociones y sentimientos que se mezclan disparando actitudes y conductas imprevisibles, es necesario que los chicos y chicas se den cuenta de que no es una etapa en la que el amor de esta naturaleza pueda ser manejado con sabiduría. El error de muchos preadolescentes es pensar que sí pueden.

Pero hablemos también del amor espiritual, o el amor ágape. Este es un amor diferente, que no se limita a las emociones humanas, sino que trasciende hasta la eternidad. Esta clase de amor nos hace tomar decisiones maduras y conscientes.

«Y mi mandamiento es este: que se amen unos a otros como yo los amo. Nadie tiene más amor que el que da la vida por sus amigos. Ustedes son mis amigos si hacen lo que yo les mando». Juan 15:12-14

¡Qué impactante versículo! Nos dice que el amor, como sentimiento humano, tiene sus limitaciones, ¡pero el amor que aprendemos de Dios es una locura! Ninguna clase de amor humano es mayor que el de quien da la vida por alguien más. Por otra parte, el versículo 14 nos dice que seremos considerados amigos de Dios (en el amor ágape), si hacemos lo que Él nos manda, es decir, si somos obedientes.

EL AMOR, COMO SENTIMIENTO HUMANO, TIENE SUS LIMITACIONES, ¡PERO EL AMOR QUE APRENDEMOS DE DIOS ES UNA LOCURA!

Es interesante observar que para los seres humanos el amor habitualmente se mide en base a lo que sentimos, mientras que el amor genuino y espiritual se mide en base a cuán obedientes somos a las instrucciones de Dios. También podemos ver que cuando no existe el amor ágape en la vida de las personas, se dejan llevar por el amor erótico, pasional, sentimental, humano y limitado.

¿Con qué clase de amor quisieras que te amen a ti?

¿Qué clase de amor tienes tú para los demás?

Las emociones compiten dentro nuestro por salir, y nosotros podemos alimentar las mejores.

REFLEXIÓN PERSONAL

La siguiente actividad será útil para poner a tus preadolescentes a pensar. Coloca a la vista de todos algunas palabras que representen la mayor cantidad de emociones posibles. Puedes preparar carteles o escribirlas en una pizarra. También puedes utilizar las imágenes de la actividad inicial.

Ahora, ¡a jugar haciendo mímica de las emociones!

Indícales que cada uno tome un cartel, o elija una de las palabras en la pizarra, y que a la cuenta de tres todos hagan una mímica exagerada de esa emoción. Si tu reunión es virtual, coloca en un chat todas las palabras y pídeles que escojan de esa lista una de ellas. ¡Pero deben hacerlo todos juntos, al mismo tiempo! Luego cambien de emoción, y repitan el procedimiento varias veces, hasta que todos hayan pasado por cada una de las palabras.

Luego continúa con la segunda parte de la actividad. Pídeles a tus preadolescentes que piensen cuál de esas emociones suele ser más intensa para cada uno, y el motivo por el cual eso sucede. Ahora, cada uno deberá tomar el cartel que represente a esa emoción y compartir en pocas palabras por qué se identifica con ella. Puedes animarles también a que compartan una historia personal en la que hayan experimentado esa emoción que eligieron. Dales un par de minutos para pensar.

A los preadolescentes usualmente les toma tiempo dar el paso de compartir cosas que son personales, pero dales la oportunidad.

Controlar las emociones en la etapa de la preadolescencia puede parecer un reto muy grande, pero no es imposible. Una de las claves para lograrlo es conocer las bondades del Espíritu de Dios en nosotros. Cuando observas la lista de manifestaciones del fruto del Espíritu en el libro de Gálatas, verás que tienen mucho que ver con un desarrollo en la dimensión espiritual de cada persona, que le ayuda a manejar de forma adecuada las emociones.

CONTROLAR LAS EMOCIONES EN LA ETAPA DE LA PREADOLESCENCIA PUEDE PARECER UN RETO MUY GRANDE, PERO NO ES IMPOSIBLE

«En cambio, este es el fruto que el Espíritu produce en nosotros: amor, gozo, paz, paciencia, benignidad, bondad, fidelidad, humildad y dominio propio. No hay ley que condene estas cosas». Gálatas 5:22-23

Prueben el ejercicio de escribir una lista de las manifestaciones del fruto del Espíritu de Dios (que son nueve) y, a la par, ir identificando las posibles emociones que se relacionan con ellas.

Manifestaciones del fruto del Espíritu de Dios	Emociones y sentimientos humanos con que se relacionan (Algunos son positivos, otros negativos)
Amor	Ilusión, enamoramiento, ternura, pasión, amistad, odio, …
Gozo	Alegría, júbilo, euforia, tristeza, nostalgia, melancolía, …
Paz	Preocupación, aflicción, tranquilidad, intranquilidad, …
Paciencia	Impaciencia, frustración, desesperación, apatía, …
Benignidad	Ira, enojo, interés, envidia, compasión, …
Bondad	Maldad, maquinaciones, indolencia, celos, compasión, …
Fidelidad (Fe)	Traición, confianza, desconfianza, esperanza, miedo, temor, …
Humildad	Orgullo, resentimiento, rencor, desaliento, …
Dominio propio	Vergüenza, culpa, tensión, tolerancia, …

LAS MANIFESTACIONES DEL FRUTO DEL ESPÍRITU DE DIOS TIENEN SU CONTRAPARTIDA EN LAS EMOCIONES Y SENTIMIENTOS QUE EXPERIMENTAMOS

La lista de emociones y sentimientos que se podrían incluir en cada fila de este cuadro es interminable, pero algo queda claro: las manifestaciones del fruto del Espíritu de Dios tienen su contrapartida en las emociones y sentimientos que experimentamos. Por eso, el manifestar todos los atributos de ese fruto no se logra en una semana, ni en un mes. Para ello se requiere de toda una vida.

 ## MEDITA EN UN PERSONAJE

En cada lección encontrarás dos personajes: uno bíblico, y otro de fantasía. Puedes tomar ambos, o solo uno de ellos, como ejemplo para el tema. También puedes elegir leerle al grupo el texto aquí expuesto, o inspirarte en él para narrarles la historia. Esto dependerá de tus habilidades y de tu creatividad. De ser posible, emplea fotografías, láminas, o un proyector con imágenes. Eso siempre ayuda.

HULK

¡Hulk es definitivamente uno de los personajes más fascinantes de Marvel Comics!

Hulk era un médico y científico que, haciendo experimentos con rayos gamma, terminó siendo afectado en su genética para siempre. A partir de ese día, Bruce Banner puede vivir su vida tranquilamente, pero solo hasta el momento en que alguien lo saca de sus casillas... Entonces, cada célula de su cuerpo comienza a cambiar hasta convertirlo en una grotesca figura humanoide de color verde.

¿Conoces gente así? O, ¿te encontraste alguna vez reaccionando como Hulk?

Bueno, los cambios emocionales en la preadolescencia pueden ser algo parecido a esto. En un momento estás en paz, y en el siguiente eres un volcán en erupción.

A veces en un momento estás alegre, y de pronto entristeces y no sabes por qué. Estás animado, y luego desanimado. Te llenas de ilusión por algo, y de pronto te desilusionas.

PREGUNTAS PARA LOS DISCÍPULOS:

- ¿Te has sentido alguna vez como Hulk? ¿En qué ocasiones?

- ¿Te ha sucedido que tus emociones cambien de un momento a otro? ¿Cómo te hace sentir eso?

SAÚL

El primer rey de Israel se llamaba Saúl y encontramos su historia en el primer libro de Samuel, a partir del capítulo nueve. La historia bíblica dice que Saúl fue ungido para ser rey por el profeta Samuel, y también que era un hombre muy alto y hermoso, y que fue honrado y respetado por todo el pueblo de Dios. Ganó muchas batallas y fue un buen rey en sus primeros años de gobierno, pero había algo que no lo dejaba en paz: Saúl no se creía muy capaz para hacer lo que Dios le había llamado a hacer. Él se sentía inferior, y ese sentimiento lo llevó a cometer varios errores.

Aunque en un principio tenía un buen corazón, su alma fue cambiando y empezó a desobedecer ciertas órdenes específicas de Dios, lo que, a la larga, acabó con su reinado. Saúl estaba equivocado a tal punto que, en una ocasión, el mismo profeta Samuel tuvo que ir a corregirlo, diciéndole que era mejor obedecer a Dios que el sacrificio de muchas ovejas. Esto, porque Saúl pensaba que con hacer muchos sacrificios iba a compensar su desobediencia.

En las últimas etapas de su reinado, ya Saúl se sentía afligido, abrumado por la condición de su alma, y en determinado momento conoció a David, un pastor de ovejas que, con el toque de su arpa, lograba calmar ese sentimiento de angustia que lo perseguía. Sin embargo, eso tampoco duró demasiado. Luego de que David derrotara al gigante Goliat, Saúl empezó a desarrollar muchos celos y envidia en contra de este joven guerrero que se había ganado el favor del pueblo. Todos aclamaban a David, y Saúl se sentía celoso y desconfiado. Así, poco a poco perdió la confianza en él, y sus emociones lo llevaron a perseguir a David quien, para aquél entonces, ya había sido ungido como el nuevo rey de Israel.

Saúl no tuvo un buen final... y en gran parte fue porque no supo manejar sus emociones.

PREGUNTAS PARA LOS DISCÍPULOS:

- ¿Qué haces cuando sientes envidia de alguien?

- ¿Cómo manejas esta y tus otras emociones negativas?

ACCIONES CONCRETAS

Para cerrar esta primera lección es vital ayudar a tus preadolescentes a planificar un futuro en control de sus emociones. Ayúdales a hacer un compromiso delante de Dios en donde puedan identificar aquellas emociones que usualmente no pueden manejar, y que luego decidan que cuando llegue ese momento, dependerán del Espíritu Santo para controlar esas emociones.

Entrégales una lista de las nueve manifestaciones del fruto del Espíritu Santo mencionadas en Gálatas 5:22-23 (y no es mala idea de que les des impreso o en digital el texto bíblico para que lo memoricen). A modo de conclusión, pregúntales:

- ¿Cuál de las nueve manifestaciones del fruto del Espíritu de Dios crees que es la que más necesitas para esta semana?

- ¿Qué acciones piensas que podrías tomar para que esta dimensión del fruto del Espíritu se haga realidad en tu vida?

Ora por ellos en esta aventura.

LECCIÓN 2

IDENTIDAD Y AUTOESTIMA

*«Los inmaduros usan más energía en
verse bien que en ser mejores».*
Lucas Leys (*Stamina*)

Seguramente varios de tus preadolescentes vieron la película *El Rey León.* Puedes comenzar esta lección viendo alguna escena o toda la película en una casa, o dejando que alguno de tus preadolescentes más extrovertido o extrovertida les cuente la película a todos. (Dales la consigna de que la cuenten como si fuera para alguien que nunca la vio). Otra opción es leerles los siguientes párrafos.

Cuando Simba nació, estaba destinado a ser el rey una vez que su padre, Mufasa, dejara el trono. Gobernar no es tarea fácil, pero Simba, en su inexperiencia, pensaba que era algo que podría manejar sin dificultad.

Sin embargo, Mufasa es asesinado por su propio hermano, y luego este malvado tío Scar impulsa al pequeño heredero a huir lejos de su territorio, haciéndole pensar que la muerte de su padre había sido culpa suya.

Simba conoce en el desierto a Timón y Pumba, dos personajes que le ayudan a sobrellevar su remordimiento en el exilio con aquella famosa frase *«hakuna matata».* Eso fue bueno para Simba en un sentido, pues le ayudaron a olvidar la tristeza del pasado, pero en el camino, también le hicieron olvidar que era el hijo del rey.

Por más que Simba quiso huir del pasado, la esencia de su ser seguía allí en su interior. Aun con la culpa, la vergüenza y el remordimiento, Simba tenía sangre

SABER QUIÉNES SOMOS ES CLAVE PARA CUMPLIR NUESTRO PROPÓSITO EN LA TIERRA

real. ¡Él tenía que volver y tomar el lugar que le correspondía en el ciclo sin fin que representa la vida! Eso es justamente lo que le recuerda el babuino Rafiki, una especie de líder espiritual que ayuda a Simba a enfrentar el pasado y a recordar quién es en verdad.

Saber quiénes somos es clave para cumplir nuestro propósito en la tierra. A veces, cuando nuestra identidad es trastornada, también nuestra autoestima se afecta. Por eso durante esta lección estaremos hablando de estos dos temas que resultan urgentes en la etapa de la preadolescencia.

AVALANCHA DE IDEAS

Hace algunos años no era usual que los preadolescentes hablaran en voz alta de identidad o autoestima. Hoy por hoy, los términos están tan diseminados a través del internet que si tú le pides a un preadolescente su opinión sobre la identidad o la autoestima, de seguro te dará una respuesta bastante acertada, aunque claro, no todos ellos son iguales. Incluso algunos te darán un reporte psicológico de su condición, y se autodefinirán como alguien con alta o baja autoestima, pero eso no significa que tengan claro el tema.

Lanza las siguientes frases para que discutan si creen que son verdaderas o falsas, y por qué. (En esta parte solamente explora qué es lo que viene a sus mentes cuando escuchan estas afirmaciones, sin compartir tus opiniones personales).

- Las personas que admiras, como por ejemplo los famosos, definen tu identidad.

- Los preadolescentes se dejan influenciar con facilidad por sus amigos.

- La identidad se obtiene cuando puedes parecerte lo suficiente a alguien más.

- Las cosas que otros dicen de ti definen tu autoestima.

- Los padres pueden elevar o hundir la autoestima de sus hijos.

- La autoestima sana no depende de los demás, sino de uno mismo.

- Alguien con baja autoestima es una persona débil.

Dales tiempo para responder a cada frase antes de avanzar a la siguiente. No debe ser una respuesta oculta ni escrita, sino que es bueno que todos escuchen las opiniones de los demás para ver si disienten o no de lo que piensan los otros.

AL FINALIZAR, PREGÚNTALES TAMBIÉN:

- ¿Qué es la autoestima?

- ¿Qué es la identidad?

- ¿Cuál es la relación entre estos dos conceptos?

FUNDAMENTOS DEL TEMA

Según el *Manual de consejería para el trabajo con adolescentes* de E625, la construcción de la identidad involucra tres etapas importantes y muy bien marcadas: la etapa del descubrimiento de sí mismo, la etapa de formación del proyecto de vida, y la etapa de la inclusión de las distintas esferas de la vida.

La identidad se puede definir como el proceso de construcción de una persona en cuanto a su esencia, naturaleza, personalidad, vocación y, sobre todo, carácter.

Según las distintas ciencias, si bien hay algunos elementos genéticos que hacen a la identidad, esta es una construcción que hace cada individuo y desde el punto de vista bíblico también incluye el descubrimiento de nuestro llamado y la vitalidad de la perspectiva del Creador.

La constante grabación sensorial de momentos vividos desde la infancia sienta las bases de lo que vamos a ser en el futuro. Estos momentos se constituyen en hitos.

Un hito es aquel recuerdo memorable que nos da una pauta de cómo reaccionar en cada instante de la vida.

LA IDENTIDAD SE PUEDE DEFINIR COMO EL PROCESO DE CONSTRUCCIÓN DE UNA PERSONA

El preadolescente va a modelar su conducta en base a estos hitos, e inconscientemente querrá obtener aquello que sintió que no obtuvo en ellos en su momento.

Si esos conflictos no logran ser resueltos desde esta etapa hasta los primeros pasos de la juventud, gran parte de la vida de la persona adulta se convertirá en una búsqueda por llenar aquellos vacíos. Como discipulador, tú tienes una oportunidad preciosa para ponerle fundamentos firmes a su futuro. Además, podrás ser partícipe de esta etapa tan especial en la que se sientan las bases de sus proyectos de vida. Es ahora, en la preadolescencia, como parte de la construcción de su identidad y autoestima, que ellos se plantearán las posibilidades de lo venidero... ¡Y tú estarás allí para ayudarles!

En cuanto a la autoestima, deberás luchar junto a ellos contra diversas manifestaciones de la sociedad actual que afectan directamente la autoestima de los preadolescentes. Algunos de los enemigos de una valoración personal sana pueden ser: el bullying, las relaciones tóxicas con personas cercanas, la violencia en el hogar, el divorcio de los padres, o las palabras minimizadoras y paralizantes que los preadolescentes escuchan a diario. Las consecuencias de estos enemigos de la autoestima pueden ser variadas: adicciones, comportamiento sexual inapropiado, deserción escolar, rebelión, depresión, etc.

Mucho de tu trabajo al discipular preadolescentes consistirá en sacar estos temas a la luz para conversar sobre ellos y ayudarles a procesarlos mejor. Poner en evidencia lo que afecta a quienes discipulas será un buen primer paso para facilitarles la libertad de construir una autoestima más sana, desechando aquellos hitos que los han hundido y resaltando aquellos que son positivos.

Puedes hacerlo con algunas preguntas:

- ¿Conocen a alguien que sufra bullying, o lo han sufrido ustedes alguna vez? ¿En qué contexto o en qué lugar?

- ¿Saben lo que es una relación tóxica? ¿Les pasa o les ha pasado algo así con alguien?

- ¿Alguien ha usado palabras minimizadoras con ustedes? ¿Quién y cuándo? ¿Cómo se sintieron?

Recuerda ser cuidadoso al formular ciertas preguntas. Si el grupo es nuevo y no te sientes listo para hacerlas, está bien. Pero si ya tienes confianza con tus preadolescentes y puedes ir un poco más allá, hazlo, aunque siempre con cautela.

📖 ILUMÍNATE CON LA VERDAD

Lee con tus preadolescentes el siguiente pasaje:

«Al llegar a Cesarea de Filipo, les preguntó: «¿Quién dice la gente que soy?».
—Bueno —le respondieron—, algunos dicen que eres Juan el Bautista; otros,
que eres Elías; y otros, que eres Jeremías o alguno de los profetas.
—¿Y quién creen ustedes que soy?
—¡Tú eres el Cristo, el Mesías, el Hijo del Dios viviente! —respondió Simón Pedro.
—Dios te ha bendecido, Simón, hijo de Jonás —le dijo Jesús—, porque esto no lo
aprendiste de labios humanos. ¡Mi Padre celestial te lo reveló personalmente!».
Mateo 16:13-17

Esta porción de la Escritura nos muestra a Jesús dialogando acerca de su identidad y de lo que la gente decía de Él. Ellos le dieron algunas opciones, pero a Jesús en realidad no le importaba lo que la gente dijera de Él, sino lo que sus amigos más cercanos decían de Él. Por eso Él volvió a hacer la misma pregunta dirigida a ellos: *«¿Y quién creen ustedes que soy?».*

Para Pedro, esta conversación no solo fue importante. Fue definitoria. La afirmación de Pedro al decir que Jesús era el Mesías, el Hijo del Dios viviente, el Cristo, le dio un «pase espiritual» poderoso. «Dios te ha bendecido», le dijo Jesús, y reconoció que esa revelación no venía de la sabiduría humana, sino de Dios mismo. Mira cómo continúa el texto:

«Tú eres Pedro, y sobre esta roca edificaré mi iglesia, y los poderes del infierno no prevalecerán contra ella. Te daré las llaves del reino de los cielos: la puerta que cierres en la tierra se cerrará en el cielo; y la puerta que abras en la tierra se abrirá en el cielo».
Mateo 16:18-19

Así, el tener en claro la identidad de Jesús cambió para siempre la vida de Pedro y le reafirmó el motivo por el cual Jesús le había cambiado el nombre, dándole sentido a su identidad espiritual. ¡Lo mismo puede pasar con nosotros!

Cuando clarificamos la identidad de Jesús, también clarificamos la nuestra.

Además, cada uno de nosotros haría bien en repetir esta conversación reflexiva en su propia vida. Muchas veces prestamos demasiada atención a las opiniones de la gente, como los compañeros del colegio y otros compañeros circunstanciales, pero olvidamos que solamente las personas más cercanas son importantes en este sentido. Aquellos con quienes nos hemos abierto lo suficiente como para que conozcan lo más profundo de nuestro corazón son quienes mejor pueden opinar sobre nuestra identidad. Por eso es vital elegir con sabiduría quiénes serán esas personas, además de las que son parte de nuestra familia.

CUANDO CLARIFICAMOS LA IDENTIDAD DE JESÚS, TAMBIÉN CLARIFICAMOS LA NUESTRA

¡Los discipuladores deberíamos poder acceder a ese nivel con nuestros preadolescentes! Que escuchen lo que tenemos que decir de ellos porque, gracias a la relación que estamos construyendo, podemos decirles cómo los vemos y quiénes son en realidad, a pesar de lo que les diga el mundo.

Ahora leamos juntos este pasaje de la Escritura que nos enseña la relación entre el amor de Dios y nuestra identidad:

«Miren cuánto nos ama el Padre que somos llamados hijos de Dios. ¡Y de veras lo somos! Como la mayoría de la gente no conoce a Dios, tampoco reconoce lo que somos».

1 Juan 3:1

¡Gracias a su amor infinito podemos llamarnos hijos de Dios! La condición de hijos nos hace ser parte de una familia de la cual Dios es el Padre, y por lo tanto Él es quien mejor puede asignarnos identidad.

NUESTRO MAYOR RETO EN LA CONSTRUCCIÓN DE NUESTRA IDENTIDAD ES PODER VERNOS COMO ÉL NOS VE

DETALLES PARA ENSEÑAR A LOS PREADOLESCENTES:

- Prestemos atención al versículo 2 cuando dice que no podemos imaginarnos lo que vamos a ser después, pero de lo que sí debemos estar seguros es de que seremos semejantes a Él.

- Nuestro mayor reto en la construcción de nuestra identidad es poder vernos como Él nos ve.

- Mientras más miremos a Cristo, que es la imagen del Padre, más veremos al Padre; y mientras más le vemos, más conocemos de Él y, consecuentemente, más parecidos a Él seremos.

- El Padre no nos mira en base a lo que somos hoy, sino al diseño que Él puso en nosotros; nos mira en base a nuestro propósito, y nos ve cumpliendo nuestro destino.

- Mientras avanzamos hacia nuestro destino vamos siendo perfeccionados, y cada vez tenemos más información sobre lo que Dios ha querido para nosotros.

¡Conocer todo esto es clave para la construcción de la identidad! Saber lo que el Señor piensa de nosotros nos levanta la autoestima. Por el contrario, escuchar lo que dice el diablo en contra nuestro nos hace perdernos en la culpa y la vergüenza, y nos hace sentirnos incapaces de ser lo que Dios dice que somos.

REFLEXIÓN PERSONAL

Este es el momento de ayudar a tus preadolescentes a reflexionar sobre lo que hay en su corazón con las siguientes preguntas:

- ¿A quiénes estás escuchando opinar respecto a tu identidad, aunque no usen esa palabra?

- ¿Qué cualidades quisieras que sobresalgan de tu personalidad, que todos puedan reconocer en ti?

- ¿Qué deberías hacer hoy para comenzar a construir el futuro que deseas?

- ¿Qué cosas positivas tienes para lograr aquello que te has propuesto?

- ¿Quién o quiénes quisieras te ayuden y acompañen a descubrir y formar tu identidad en Cristo?

MEDITA EN UN PERSONAJE

Elige uno o ambos de los siguientes personajes para narrarles esa historia a tus preadolescentes. O, si el grupo la conoce, que te la cuenten ellos. También sirve mostrarles un video de resumen, o una escena impactante, y luego pasar a las preguntas.

MULÁN

Mulán es la hija de un guerrero retirado, quien había servido a su país por muchos años y que, en un momento de conflicto, es llamado nuevamente a sumarse a las filas del ejército chino, institución de la que solamente los varones tenían permitido participar. Para aquel guerrero no importaba la edad, ni sus lesiones de vejez o de guerra; para él eran mucho mayores los principios que aprendió desde la niñez y que se habían arraigado en su pecho. Él acudiría al campo de batalla a cualquier costo. Atendería el llamado sin vacilar.

Preocupada por su padre, e intentando defenderlo de este sacrificio, Mulán decide hacerse pasar por un hijo varón para así poder reemplazar a su padre en la convocatoria a la guerra, sin tomar en cuenta que con esta acción deshonraría a su familia por enfrentarse a la cultura de su nación.

Infiltrada en el ejército, rodeada de varones, luchando con el hecho de no ser realmente una guerrera, y con temor de ser descubierta, aun así Mulán nunca pierde de vista el propósito por el cual está allí. Ella jamás dejaría que su padre sea quien se sacrifique inútilmente. Ella pelearía, se convertiría en una guerrera, y haría lo que fuera necesario para salvarlo.

La historia de Mulán es un reconocimiento a aquellos que deciden defender sus principios aun a costa de su propia vida, en medio de una cultura que juzgaría y condenaría sus acciones. A partir de Mulán, el pueblo chino miró de forma diferente a la mujer, y aunque les haya costado décadas el pelear contra tales tradiciones, este hecho se convirtió en un hito que transformó toda la cultura.

PREGUNTAS PARA LOS DISCÍPULOS:

- ¿Qué actitudes positivas podemos tomar de la historia de Mulán?

- ¿Qué sucedería con el mundo si nosotros, los hijos de Dios, nos infiltráramos en él para defender los principios de nuestro Padre?

- ¿Seríamos capaces de mantener nuestra identidad, o nos dejaríamos llevar por lo que el mundo dice? ¿Por qué crees que sucedería eso?

JUAN, EL APÓSTOL

Aquí estamos hablando nada más y nada menos que del escritor del evangelio más íntimo de la Biblia, y también de aquel a quien le fue entregado el libro de Revelaciones o Apocalipsis. Pero no son solo esos libros de la Biblia los que nos permiten conocer en profundidad a este apóstol sino, más que todo, sus cartas pastorales.

Juan escribió de forma muy íntima. Su evangelio es llamado «el evangelio del amor», de seguro porque la intención del autor era dar a conocer al mundo ese amor sobrenatural que había experimentado al estar cerca de Jesús. Por otra parte, algunos miran los mensajes a las iglesias narrados en los primeros capítulos del libro de Apocalipsis como las advertencias rígidas de un Dios que hace justicia. Sin embargo, al leer los escritos de Juan, vemos que él no hablaba de forma trágica, sino de la protección y de la profunda preocupación de Dios por los seres humanos.

Cuando Juan inicia sus cartas habla a sus discípulos diciéndoles «hijitos». Un afecto tan entrañable no es solo una cualidad de la personalidad, sino una clara evidencia de haber recibido ese mismo afecto del Padre Eterno. Juan considera como una gran muestra de amor el hecho de ser llamados hijos por Dios. Juan estaba seguro de quien era en Cristo, y el conocer a Dios en profundidad a través de Jesús le permitió hablar como habló.

PREGUNTAS PARA LOS DISCÍPULOS:

- ¿Podrías decir cosas similares a las que dijo Juan? ¿Por qué sí, o por qué no?

- ¿De qué manera es Juan alguien digno de imitar?

ACCIONES CONCRETAS

Gran parte del trabajo de un discipulador consiste en involucrarse en la vida de aquellos a quienes está discipulando, contactando a su familia, y creando algunos encuentros casuales y otros intencionales donde se pueda ir más a fondo en el proceso de acompañamiento.

Ten presente que es muy posible que cualquier acción concreta que realices en este proceso se convierta en un recuerdo memorable (hito) que servirá de referente en la vida de ese muchacho o muchacha. Quedará en su memoria por siempre, y muchas de sus acciones futuras tendrán la influencia de aquel recuerdo.

¿Qué hitos puedes crear en tu relación con tus preadolescentes?

AQUÍ TIENES ALGUNAS IDEAS:

- **Una carta especial.** Organiza con anticipación que los padres (o alguien cercano) les escriban una carta resaltando todo lo positivo e importante de ellos, y haz que incluyan también una bendición o deseo sobre ellos. Luego todos los chicos y chicas abrirán sus cartas en un momento especial dentro de una reunión o actividad, como puede ser un campamento.

- **Reconocimiento público.** Crea un espacio dentro de los cultos o de las reuniones de preadolescentes para reconocer las cosas positivas que tiene cada chico o chica, resaltar sus éxitos, sus talentos, darle gracias por sus buenas acciones, y darle impulso para seguir adelante. Si cada semana te enfocas en uno o dos de ellos, a lo largo del año puedes alcanzar a todos tus preadolescentes.

- **Reunión de autoestima.** Organiza una reunión para que los preadolescentes se digan cosas positivas entre ellos, principalmente acerca del futuro. Será mejor si lo haces en un grupo pequeño. Ponles a todos la meta de imaginar cómo será cada uno de los demás chicos y chicas dentro de cinco o diez años. Adviérteles que no vean cosas negativas sino positivas: éxitos profesionales, uso de sus talentos, relaciones personales saludables, etc.

- **Visita su casa.** Puedes agendar una visita para conversar con sus padres y decirles todo lo positivo que observas en cada discípulo. Enfócate en los talentos y habilidades que ves que tiene. Estate atento por si alguno de los padres intenta usar ese momento para quejarse del comportamiento de su hijo o hija. Deberás ser muy hábil y sabio para tornar la queja en una posibilidad de cambio positivo para el futuro.

Recuerda que este material no está diseñado para avanzar apurados con tal de cumplir un currículo, sino que puedes extenderlo tanto como quieras. Podrías usar una semana para cada tema, o hasta un mes si quisieras, pues tal vez de una lección quieras desprender varias sesiones, actividades y temáticas que atender para completar un proceso más profundo en el desarrollo de quienes tienes bajo tu cuidado.

LECCIÓN 3

ENFRENTANDO MIS TEMORES

«Prefiero rodearme de personas que revelan su imperfección, en lugar de personas que fingen su perfección».

Charles F. Glassman *(Fuga de cerebros)*

Todos experimentamos temores, ansiedades y miedos. El miedo es real independientemente de sus razones e incluso cuando sus razones son fantasiosas, y comenzamos con esta declaración sin censura porque uno de los peores temores de muchos cristianos es: expresar que sienten temor, ansiedad o miedo. Algo así como que le tenemos miedo al miedo, lo cual no solo nos pasa con esta sensación sino incluso con la tristeza, y prueba de eso es lo rápido que le decimos a alguien que perdió a un familiar que "Dios usa todas las cosas para bien" para que no esté triste... El temor es natural y hasta positivo porque emerge de nuestro instinto de autopreservación y amor por la vida. Sin embargo, lo que no es positivo es que tome control de nosotros y gobierne nuestras emociones, o peor, que tome nuestras decisiones y por eso es vital hablar de este tema con los preadolescentes.

AVALANCHA DE IDEAS

Materiales para la actividad introductoria:

- Vendas o pañuelos suficientes para vendar los ojos de todos los participantes.

- Una serie de cosas con diferentes texturas, que parezcan tenebrosas, pero que en realidad sean inofensivas. Por ejemplo, algo pegajoso (como *slime*), algo muy peludo (como un peluche) y mucho mejor si es algo que se mueve, una rama seca que no se rompa, un poco de champú, yogur, arena, talco, etc. (Tal vez puedas conseguir también una rana pequeña o una tortuga de pecera). Mientras más cosas tengas, mejor.

- Una pluma de ave o algo similar.

Para esta dinámica también necesitarás un cómplice, que puede ser un líder de apoyo o, si no hubiere nadie más, uno de los chicos (elige al que tenga mayor madurez y sepa seguir reglas, y explícale la actividad previamente).

Cuando hayas vendado los ojos de todos, diles que has traído algunos elementos y que ellos deberán adivinar si son cosas, animales o plantas. Si quieres una experiencia más intensa, pon en tu celular música de bosque, selva o animales. Incluso puedes contar toda una historia mientras les explicas el juego. Diles, por ejemplo, que has traído algunas mascotas que te han prestado, algunas muy pequeñas, y otras no tanto. ¡Que la actividad sea realmente intensa o no, va a depender de la historia que cuentes!

Luego vas a acercar a cada uno de los preadolescentes, con los ojos vendados, hasta la mesa donde están los objetos elegidos. Les darás algunos objetos para tocar, y ellos deberán adivinar en cada caso si se trata de una cosa, o un animal, o un vegetal. Pero para hacerlo más interesante, no les darás los mismos objetos a todos, ni en el mismo orden, sino que los irás rotando para despistarlos. Mientras todo esto sucede, tu cómplice tomará la pluma y la acercará a las orejas de los chicos para aumentar la tensión.

Como dijimos, cuán «asustante» resulte esta actividad dependerá de la historia que les cuentes y también de los elementos que consigas. A los elementos que ya mencionamos podrías sumarles arañas de juguete o cosas similares, pero la expectativa de temor será creada más bien por el ambiente que generes.

Obviamente, algunos de los chicos y chicas estarán completamente tranquilos, otros se esforzarán por demostrar que están en control de sus emociones, ¡y otros gritarán asustados!

Casi nadie podrá adivinar lo que cada uno tocó, así que al final permíteles ver con los ojos destapados todos los elementos. Luego conversa un poco con ellos para que te cuenten cómo se sintieron mientras estuvieron con los ojos vendados. No todos van a haber sentido temor, pero sí podrán relatar diferentes sensaciones que se asemejan al temor.

¡Así es como abrirás la lección de hoy!

Nota: Si has organizado una reunión virtual, puedes provocar el mismo efecto mostrándoles a los chicos imágenes de cosas que podrían atemorizarles (sin llegar a traumarlos, por supuesto). Pídeles que comenten en el grupo la sensación que cada una de las imágenes les produjo, y que identifiquen cuál es la situación que más les atemoriza. La experiencia no será igual, pero apuntará al mismo propósito.

FUNDAMENTOS DEL TEMA

El temor es una emoción intensa que está en nosotros para permitirnos reaccionar ante algún peligro o amenaza. Un perro ladrando puede producirnos cierto nivel de temor, el suficiente como para cruzar a la vereda de enfrente, pero si nos encontráramos con un tigre, seguramente sentiríamos mucho más temor. Esto sucede con situaciones de peligro real, pero también puede ocurrir con situaciones imaginarias y allí radica uno de los aspectos fundamentales para control al temor y que no nos controle a nosotros.

Entonces, si el temor en sí no es malo, ya que nos ayuda a protegernos y resguardarnos del peligro, ¿cuál es el problema? El problema es que cuando crece demasiado, o cuando aparece por cosas irreales, es una barrera que nos frena e impide avanzar. Ese es el temor que debemos superar.

Para poder vencerlo, debemos comprender primero que el temor se mueve por ciclos. Se origina con una mala experiencia que no queremos volver a repetir. El temor a repetir esa experiencia nos produce más adelante incapacidad para reaccionar de forma adecuada. Esa incapacidad nos hace volver a tener una mala experiencia, y de ese modo el ciclo se repite.

Así es como se ve el ciclo del temor:

Por ejemplo:

- Una persona lanza a un niño a la piscina para que aprenda a nadar.

- El niño no logra nadar, y casi se ahoga.

- El niño no quiere volver a repetir esa experiencia, y por eso le tiene miedo al agua.

- Incluso de más grande, no puede aprender a nadar, o al menos se le dificulta mucho.

- Cada vez que entre a una piscina, ese temor volverá.

Entender este ciclo del temor nos hace ver lo importante que es tratar el tema con nuestros preadolescentes. Muchas de las actitudes que tienen las personas adultas son originadas por algún tipo de temor que sienten y que no han podido resolver, y esto va moldeando sus conductas, impidiéndoles ser libres. El temor, entonces, se convierte en una prisión que tiene encarcelada a la persona durante toda su vida y que no le deja ser lo que ha sido llamada a ser.

Pasos para enfrentar el temor:

- Identificar el temor.

- Explorar el momento en que apareció en tu vida.

- Recordar cómo reaccionaste en esa escena.

- Entender los factores irreales de aquel temor.

- Acudir a la Palabra de Dios para poner en el Señor el fundamento real de tu confianza y seguridad.

- Dar pasos concretos para liberarte del temor.

Dicho de otro modo, una vez que has identificado cuál es el temor que quieres enfrentar, deberás recordar cuándo y en qué circunstancias fue que apareció en tu vida. Observa los sentimientos que aún te provoca esa escena al recordarla. Cuando busques entender los factores irreales, intenta tener un criterio objetivo. En el ejemplo de nadar, el factor irreal sería pensar que podrías ahogarte en una piscina en la que puedes estar de pie en el fondo y tener la cabeza fuera del agua sin problema. De este modo puedes comprobar claramente que tu temor no es real. Luego debes acudir a Dios y pedirle fuerza, valor, y protección, para enfrentar ese temor y ser libre de él. ¡Darás pasos pequeños al principio, hasta que poco a poco te irás liberando!

📖 ILUMÍNATE CON LA VERDAD

«Pero Dios el Señor llamó al hombre y le preguntó: –¿Dónde estás?
El hombre le contestó: –Oí que andabas por el jardín y me dio miedo, pues
estoy desnudo. Así que me escondí».
Génesis 3:9-10

Fuimos creados para permanecer conectados con Dios. En el jardín del Edén había una unión perfecta, y la comunicación espiritual con el Creador no tenía impedimentos.

EN EL JARDÍN DEL EDÉN HABÍA UNA UNIÓN PERFECTA CON EL CREADOR. EL PRIMER ERROR DEL SER HUMANO PROVOCÓ QUE PERDAMOS ESA CONEXIÓN

El primer error del ser humano (pecado = errar al blanco), provocó que perdamos esa conexión. Nuestro espíritu experimentó la condición de muerte, y nuestra alma empezó a tomar control de nosotros, afectando al cuerpo y todo nuestro ser. Allí apareció el miedo, en un contexto negativo.

Observa la siguiente comparación...

Condición anterior al pecado:

- No tenían miedo.

- Estaban desnudos y no se avergonzaban.

- Hablaban directamente con Dios.

- Adán y Eva tenían una relación perfecta entre ellos.

Condición posterior al pecado:

- Empezaron a tener miedo de Dios, y luego otros temores.

- Dios tuvo que cubrirlos por su vergüenza.

- Se escondieron de Dios y dejaron de escucharle.

- Adán y Eva se empezaron a culpar entre ellos por sus errores.

Revisemos ahora otra porción de la Escritura, comparando el versículo de 2 Timoteo 1:7 en diferentes versiones:

1. *«Porque no nos ha dado Dios espíritu de cobardía, sino de poder, de amor y de dominio propio».* (Reina-Valera 1960)

2. *«Pues Dios no nos ha dado un espíritu de timidez, sino de poder, de amor y de dominio propio».* (Nueva Versión Internacional)

3. *«Pues Dios no nos ha dado un espíritu de temor, sino un espíritu de poder, de amor y de buen juicio».* (Dios Habla Hoy)

4. *«El Espíritu que es don de Dios, no quiere que temamos a la gente, sino que tengamos fortaleza, amor y dominio propio».* (Nueva Biblia Viva)

Es interesante observar las diferentes palabras que la Biblia usa como sinónimos de temor: cobardía y timidez. Es probable que algunos de tus preadolescentes se hayan sentido cobardes en alguna circunstancia, o llenos de timidez.

En cualquier caso, es importante que aquellos a quienes estás discipulando sepan que Dios les ha entregado un espíritu que puede vencer al temor, pues es un espíritu lleno de fortaleza sobrenatural y divina, de amor y dominio propio. Recuérdales que usualmente, cuando el temor nos invade, es porque somos engañados en la mente para pensar en cosas contrarias a lo que Dios nos ha dicho.

CUANDO EL TEMOR NOS INVADE, ES PORQUE SOMOS ENGAÑADOS EN LA MENTE PARA PENSAR EN COSAS CONTRARIAS A LO QUE DIOS NOS HA DICHO

Otra historia clásica que habla de enfrentar el temor es la de Pedro saliendo de la barca cuando Jesús le llamó para caminar sobre el agua...

«Mientras despedía a la multitud, Jesús les pidió a los discípulos que se subieran a la barca y se fueran al otro lado del lago. Al quedarse solo, Jesús subió al monte a orar.

La noche sorprendió a los discípulos en medio de las aguas agitadas y luchando contra vientos contrarios. A las tres de la mañana Jesús se les acercó, caminando sobre las aguas turbulentas. Los discípulos, al verlo, gritaron llenos de espanto:

–¡Es un fantasma!

Pero Jesús inmediatamente les gritó:

–¡Calma! ¡No tengan miedo! ¡Soy yo!

–Señor —le respondió Pedro—, si realmente eres tú, ordena que también yo camine sobre el agua y vaya hasta donde tú estás.

–Está bien; ¡ven!

Sin vacilar, Pedro salió por la borda y caminó sobre las aguas hacia Jesús. Pero al percatarse de lo que hacía y de la inmensidad de las olas que se le echaban encima, sintió miedo y comenzó a hundirse.

–¡Señor, sálvame! —gritó horrorizado.

Extendiendo la mano, Jesús lo sujetó y le dijo:

–¡Hombre de poca fe! ¿Por qué dudaste?

Cuando subieron a la barca, los vientos cesaron. Los otros discípulos, maravillados, se arrodillaron y le dijeron:

–¡No cabe duda de que eres el Hijo de Dios!».

Mateo 14:22-33

Cuando Jesús se acercó a sus discípulos caminando sobre las aguas del lago en la madrugada, la escena era tan extraña que ellos pensaron que era un fantasma, hasta que Jesús les gritó que no tuvieran miedo, porque era Él. Pedro, entonces, se llenó de valor y le pidió a Jesús que lo llamara para que él también caminara sobre el agua. Jesús accedió, y Pedro sin dudarlo salió de la barca y comenzó a caminar... hasta que de pronto se dejó llevar nuevamente por la incredulidad y por la amenaza de un viento fuerte, y empezó a hundirse.

Muchas veces, cuando tenemos un temor infundado, esto tiene que ver con el hecho de que dudamos del poder de Dios. Una persona puede tener dudas sobre diversos aspectos de la Biblia, dudas sobre temas históricos o interpretaciones, ¡pero no se puede dudar del poder de Dios! Si eres un discípulo, si confías en Dios, ¡no puedes dudar de su poder para cumplir todo aquello que dijo que iba a cumplir!

> **UNA PERSONA PUEDE TENER DUDAS SOBRE DIVERSOS ASPECTOS DE LA BIBLIA, ¡PERO NO SE PUEDE DUDAR DEL PODER DE DIOS!**

REFLEXIÓN PERSONAL

Preséntales a tus preadolescentes la siguiente lista de temores, y pídeles que marquen aquellos que sienten que han afectado su vida:

- A hablar delante de la gente _____

- A las alturas _____

- A quedarse solo _____

- A quedar en ridículo o pasar vergüenza _____

- Al agua, o a nadar _____

- A la muerte de un ser querido _____

- Al futuro _____

- Al fracaso _____

- A morir _____

- A la enfermedad _____

- A no ser nadie en la vida _____

- A no tener amigos _____

- A las críticas de los demás _____

Luego, abre la conversación para que alguno comparta con el grupo alguna experiencia personal de temor. O pídeles a tus chicos y chicas que compartan cuál es el temor más grande que tienen. (Puede ser uno que estuviera en la lista, o puede ser alguno nuevo). Hay momentos que son para reír, pero estos momentos son para abrir el corazón, y nadie puede burlarse del otro aunque no entienda lo que siente o por qué dice lo que dice. Enséñales a ser respetuosos en los tiempos de compartir.

Para cerrar esta parte, enséñales a tus preadolescente estos cuatro conceptos bíblicos poderosos:

1. La verdad derrota al temor.

«Entonces Jesús les dijo a los judíos que creyeron en él: –Si ustedes se mantienen obedientes a mis enseñanzas, serán de verdad mis discípulos. Entonces conocerán la verdad, y la verdad los hará libres». **(Juan 8:31–32)**

Conocer la verdad, que es Jesús, nos permite ser libres de muchas cosas, entre ellas del temor. Si no conocemos la verdad de Dios expresada a través de Cristo, permaneceremos en temor.

2. El amor derrota al temor.

«No hay por qué temer a quien tan perfectamente nos ama. Su perfecto amor elimina cualquier temor. Si alguien siente miedo es miedo al castigo lo que siente, y con ello demuestra que no está absolutamente convencido de su amor hacia nosotros». **(1 Juan 4:18)**

Si el amor perfecto que viene de Dios es real, entonces sabemos que el temor será echado fuera, porque Dios es amor. Si Dios está en nosotros, no hay lugar para el temor.

3. La fe derrota al temor.

«Sin fe es imposible agradar a Dios. El que quiera acercarse a Dios debe creer que existe y que premia a los que sinceramente lo buscan». **(Hebreos 11:6)**

Sin fe es imposible agradar a Dios; por lo tanto el temor puede ser una manifestación de falta de fe, o de incredulidad. ¡Desarrollar nuestra fe y ponerla en práctica nos hace vencer todo temor!

4. El valor derrota al temor.

«Esfuérzate y sé valiente, no temas ni desmayes, porque el Señor tu Dios estará contigo dondequiera que vayas». **(Josué 1:9)**

Ya Dios lo ha ordenado: no debemos tener miedo ni dejar que las circunstancias nos desanimen. ¡El Señor nos manda a ser fuertes y valientes!

 MEDITA EN UN PERSONAJE

DAREDEVIL

Se le conoce en el mundo de los comics como «el hombre sin miedo». Daredevil es un abogado ciego que ejerce su profesión en *Hell's Kitchen* (la cocina del infierno), una ciudad que representa a la convulsionada New York, donde la mafia y los *gangsters* dominan todo, incluso a la policía.

Él perdió la vista cuando era niño, y casi al mismo tiempo perdió a su padre por estar involucrado con la mafia. Así, creció desarrollando de forma prodigiosa algunas habilidades extraordinarias para compensar su falta del sentido de la vista.

Tiene su traje de color rojo, y es diestro en la pelea callejera. ¿Un hombre ciego? Sí, un hombre ciego que desarrolló capacidades sobrehumanas. Pero la mayor capacidad de todas las que posee, consiste en no tener miedo.

La historia de este personaje refleja la forma en que podemos enfrentar las circunstancias de la vida. Para él, la única forma de enfrentarlo todo es esa: ¡sin temor!

PREGUNTAS PARA LOS DISCÍPULOS:

- ¿Crees que si una persona tiene un temor excesivo a algo, puede vencerlo? ¿Por qué sí, o por qué no?

- ¿Se puede vivir sin miedo? ¿Crees que sería bueno esto? ¿Por qué sí, o por qué no?

PEDRO

La Biblia no oculta nada, y para ninguno de los escritores bíblicos ha sido un problema describir con todo detalle lo que en verdad sucedió. Ese es otro de los argumentos que hacen de la Palabra de Dios un instrumento confiable y verdadero.

Se dice que Pedro fue muy cercano a Jesús. Desde el día que sus ojos espirituales fueron abiertos y tuvo la certeza de que Jesús era el Cristo, todo en la vida de Pedro cambió. Pedro había sido un pescador impetuoso y fuerte, capaz de cargarse al hombro todo el arduo trabajo que su oficio requería. Por ese mismo carácter fuerte, Pedro era quien hacía las preguntas que los otros no se animaban a hacer, y tenía mayor iniciativa que el resto de sus compañeros. Todo eso era positivo, pero, como vimos, también tuvo que lidiar con aspectos de su carácter que al parecer no podía controlar. Pedro era impulsivo, ¡a tal punto que en un arranque de ira decidió cortar la oreja de uno de los que querían apresar a su Maestro! Jesús tuvo que corregir su abrupta reacción haciendo un milagro y colocando de nuevo la oreja en su lugar.

Sin embargo, a pesar de ser tan fuerte e impetuoso, hubo una ocasión en la que Pedro tuvo que enfrentar el temor, y el temor lo venció. Nos referimos al episodio que leímos hace unas páginas, en el que Jesús caminaba sobre las aguas y llamó a Pedro a que hiciera lo mismo. Pedro era un pescador experimentado, y él sabía lo que significaba bajar de la barca en medio de aguas turbulentas: se hundiría inevitablemente. Al principio decidió vencer ese temor a la tempestad y confiar en Jesús, y esto hizo que pudiera caminar unos pasos en victoria... pero luego dudó, y esa duda hizo que comenzara a hundirse.

PREGUNTAS PARA LOS DISCÍPULOS:

- ¿Puedes recordar alguna ocasión en tu propia vida en la que la confianza en Dios te haya ayudado a vencer el temor? ¿Cuándo fue y qué sucedió?

- ¿Puedes recordar alguna ocasión en tu propia vida en la que la duda o la falta de confianza en Dios hayan hecho que te hundieras? ¿Cuándo fue y qué sucedió?

- ¿Qué deberíamos imitar de Pedro y qué no?

ACCIONES CONCRETAS

Dales por escrito estos cuatro conceptos bíblicos poderosos a tus preadolescentes:

1. La verdad derrota al temor.

«Entonces Jesús les dijo a los judíos que creyeron en él: –Si ustedes se mantienen obedientes a mis enseñanzas, serán de verdad mis discípulos. Entonces conocerán la verdad, y la verdad los hará libres». **(Juan 8:31–32)**

2. El amor derrota al temor.

«No hay por qué temer a quien tan perfectamente nos ama. Su perfecto amor elimina cualquier temor. Si alguien siente miedo es miedo al castigo lo que siente, y con ello demuestra que no está absolutamente convencido de su amor hacia nosotros». **(1 Juan 4:18)**

3. La fe derrota al temor.

«Sin fe es imposible agradar a Dios. El que quiera acercarse a Dios debe creer que existe y que premia a los que sinceramente lo buscan». **(Hebreos 11:6)**

4. El valor derrota al temor.

«Esfuérzate y sé valiente, no temas ni desmayes, porque el Señor tu Dios estará contigo dondequiera que vayas». **(Josué 1:9)**

Que sepan usar el arma de la Palabra de Dios en cada paso de su caminar como discípulos será una gran ayuda para vivir vidas plenas y libres de temores innecesarios.

¡Es hora de vencer los temores!

LECCIÓN 4

LA CRISIS DE LA VERGÜENZA

*«Las personas que sienten culpa y vergüenza suelen
andar con la cabeza gacha y los hombros encorvados.
Dan la sensación de querer esconderse».*
Don Colbert (*Emociones que matan*)

Así como muchos niños se sienten buenos en todo por su falta de experiencia, los preadolescentes suelen encontrarse del otro lado experimentando mucha vergüenza. Si ya descubrieron que no son buenos para los deportes o el canto, o la escuela, probablemente estén aterrorizados de que los otros preadolescentes lo descubran y en esta época suelen comenzar a asomar algunos complejos que es importante superar cuanto antes.

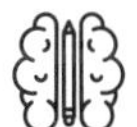 AVALANCHA DE IDEAS

PINTURA ALOCADA

En esta actividad todos se van a pintar las caras. Diles a tus chicos y chicas que pidan permiso y traigan maquillajes y pinturas de las que usa su mamá, o bien consigue pintura para teatro de diferentes colores (en muchas tiendas de cosas baratas o de artículos para fiestas hay de estas). Recuerda también llevar crema para poder quitarles el maquillaje más tarde.

Prepara al grupo advirtiéndoles que se van a reír un poco, pues se van a pintar de forma exagerada hasta verse muy cómicos. La idea es que intenten lucir como si fueran adultos. A las chicas les dirás que se coloquen rubor en las mejillas y mucha pintura en los ojos. La idea no es que queden preciosas, sino más bien jocosas. A los varones les dirás que se dibujen bigotes y barba. Si alguno quiere ir más allá y pintarse como un payaso o como una mascota, también está permitido.

Mientras lo hacen, tú estarás allí observando. No dejes que la situación se salga de control, pues a veces los preadolescentes son un poco crueles ya que aún no saben manejar la forma como se expresan, y pueden terminar lastimando a otro sin querer. Por eso, deberás estar atento para moldear su conducta. Es necesario que aprendan a respetar a los demás y a no herir los sentimientos de otros chicos, y será mejor si lo escuchan de alguien con valores cristianos bien plantados. ¡Esto también es parte del discipulado!

Cuando ya estén listos, pide a todos que se presenten. ¿Qué personaje adulto eligieron ser? Puede ser uno de sus padres, o ellos mismos como se ven en un futuro. Hasta podría ser un actor o actriz de la farándula, o un YouTuber famoso.

Mientras se presentan, puedes hacerles preguntas para hacerlo más fluido y divertido. Poco a poco, la vergüenza que puedan tener se irá disipando entre risas, y las incomodidades se desvanecerán. Entonces podrás empezar el tema.

Si estás en una reunión virtual, otra alternativa para esta actividad es que cada uno cuente un recuerdo vergonzoso que tengan.

Como siempre, recuerda que los tiempos de compartir son opcionales, no obligatorios. Aunque queremos que los chicos hablen de lo que sienten en su interior, no podemos, ni debemos, obligarlos si no quieren.

FUNDAMENTOS DEL TEMA

La vergüenza es una de esas emociones que nos pueden perseguir desde que somos niños hasta que somos adultos, e incluso ancianos. Nadie se salva de atravesar momentos de vergüenza, pues la vida a menudo nos pone en situaciones que pueden avergonzarnos.

Será un reto para ti como discipulador conquistar la confianza de tus preadolescentes para poder entrar en temas cada vez más complejos e íntimos, ya que hablar sobre aquello que los hace sentir incómodos no es una tarea fácil. Sobre todo en estas edades, en las que importan demasiado algunas cosas como la vestimenta, el quedar bien delante de otros, y el sentirse aceptados. Mientras los chicos y chicas caminan en esa búsqueda, deben enfrentar un sinnúmero de situaciones en las que se sentirán inseguros, avergonzados, o abochornados. Tu deber es acompañarlos en este proceso, escucharlos con amor, y guiarlos en ese caminar, de manera tal que los aspectos más inseguros de su comportamiento se vayan afirmando y ya no sientan que cada situación incómoda que viven es el peor desastre de sus vidas.

Advertencia: Nuestra labor como discipuladores no es decirles a los preadolescentes cómo vestirse, o cómo actuar, pues eso les arrebataría su identidad. Más bien lo que debemos hacer es darles parámetros positivos, y estar disponibles para ellos cuando sientan que algo no salió como hubieran querido.

¿POR QUÉ ES IMPORTANTE TRATAR EL TEMA DE LA VERGÜENZA?

Algo que sucede mucho con los preadolescentes es que se guardan determinados sentimientos que les pueden afectar en un futuro. De hecho, muchos adultos evidencian problemas en sus relaciones, conducta, trabajo, etc., solo porque hay ciertos temas que no lograron superar con éxito en estas etapas más tempranas de la vida.

MUCHOS ADULTOS EVIDENCIAN PROBLEMAS SOLO PORQUE HAY CIERTOS TEMAS QUE NO LOGRARON SUPERAR CON ÉXITO EN ESTAS ETAPAS MÁS TEMPRANAS DE LA VIDA

Además, siendo que hoy en día el tema del *bullying* está tan presente, es importante darles herramientas a nuestros chicos y chicas para que aprendan a defenderse (en el buen sentido) de este tipo de ataques sociales.

Algunas situaciones que pueden producir vergüenza en esta etapa de la vida son:

- **Expectativas sociales no cumplidas.** Una conversación con alguien del sexo opuesto, una invitación que no se produjo, el no encajar o no sentirse parte de un grupo, el sentir que otros hablan a sus espaldas, etc., son cosas que producen inseguridad y vergüenza a los chicos y chicas de estas edades.

- **Bullying y otros tipos de acoso.** Esta es una de las situaciones que más vergüenza producen entre los preadolescentes y adolescentes. Y es que ser perturbado por alguien que denigra tu integridad en cualquier nivel no es cosa leve.

- **Los cambios en la apariencia física, el tono de voz, etc.** Todos los cambios que trae la pubertad pueden ser motivos para sentirse inseguros, observados y afectados. Para empeorar las cosas, es probable que en toda reunión a la que vayan se encontrarán con gente que, con el ánimo de elogiar, puede resaltar algo que ellos probablemente estén tratando de ocultar para pasar desapercibidos.

- **Una experiencia bochornosa.** Una caída frente a todos, un eructo no planeado, una flatulencia, un pantalón roto o mojado por accidente, o cualquier cosa que los ponga en evidencia delante de los demás, todas estas constituyen situaciones que les generan mucha vergüenza y mucho sufrimiento a los preadolescentes.

«El temor al ridículo y la necesidad de aceptación social del adolescente se estrellan frontalmente ante la angustia de una imagen corporal poco atractiva, que contrasta desfavorablemente con los estereotipos de belleza masculina y femenina que difunden la sociedad y los medios de comunicación».
(Pedagogía y Psicología Infantil: Pubertad y adolescencia)

¿CÓMO MANEJA UN PREADOLESCENTE LA VERGÜENZA?

Los seres humanos somos multifactoriales. Esto quiere decir que son muchos los factores que influyen en nuestro comportamiento, y por lo tanto es casi impredecible cómo un preadolescente pueda reaccionar en cada caso. También influye el temperamento de cada chico o chica. Alguien introvertido probablemente se sentirá retraído, y no le será fácil hablar del tema cuando pase vergüenza. Para alguien extrovertido, en cambio, la solución puede ser reírse de sí mismo, y así puede sobreponerse a una situación vergonzosa sin problema.

Tu habilidad como discipulador debe estar en discernir estos factores, para que así puedas acompañar a cada preadolescente de una forma más personal. También será clave que utilices la empatía. Ponte en el lugar de cada uno de tus chicos y chicas para pensar mejor cómo poder ayudarles a llevar la carga que ellos llevan.

ILUMÍNATE CON LA VERDAD

Recuerda que si quieres hacer un trabajo de discipulado más profundo, dedicándole más tiempo a cada tema, puedes tomarte una, dos, o hasta cuatro semanas para cada lección. En algunas tal vez haya demasiado material como para impartirlo cn una sola semana. Queda en ti, y en la evaluación que hagas de las necesidades de tu grupo en particular.

En esta ocasión, en nuestro estudio de la Palabra de Dios estaremos hablando de Jesús, aquel que llevó toda nuestra vergüenza. Pero antes de esto, hablaremos de cuándo apareció la vergüenza en el mundo. ¿Sabes cuándo fue? Sí, de seguro lo tienes claro. Comenzó con Adán y Eva.

Veamos la diferencia...

> *«Aunque en ese tiempo el hombre y la mujer estaban desnudos, no se sentían avergonzados».* **Génesis 2:25**

Aquí notamos que antes del pecado, Adán y Eva andaban desnudos sin tener vergüenza.

*«Tan pronto lo comieron, se dieron cuenta de que estaban desnudos y sintie-
ron vergüenza. Entonces cosieron hojas de higuera para cubrir su desnudez».*

Génesis 3:7

Aquí vemos que después del pecado ellos se avergonzaron, se escondieron de Dios,
y utilizaron hojas para tapar su desnudez.

LA VERGÜENZA FUE UNA CONSECUENCIA DEL PECADO

¡Allí apareció la vergüenza! ¡Y sí, fue una consecuencia del pecado! Por eso, cada vez que desobe-
decemos a Dios tenemos esa especie de ganas de
escondernos, así como Adán y Eva cuando tuvieron
miedo. (Como ves, la vergüenza está ligada también al temor, el tema que tratamos en la lección
anterior). A partir de allí, la vergüenza se esparció por el mundo, y hoy en día es
una de las herramientas que más usa el enemigo para detenernos. ¡Si logra hacernos sentir avergonzados, entonces sabe que esto nos limitará y nos impedirá
cumplir el propósito de Dios en nuestra vida!

Ahora lee con tus preadolescentes el siguiente pasaje:

*«Las naciones vecinas se ríen y se mofan de nosotros por todo el mal que
nos has enviado. Nos has convertido en el hazmerreír de las naciones; todos los pueblos se burlan de nosotros. Soy constante objeto de humillación;
se me cae la cara de vergüenza. Todo lo que escucho son las burlas de los
que me quieren poner en ridículo. Todo lo que veo son los deseos de ven-
ganza de mis enemigos».*

Salmo 44:13–16

Este pasaje es impresionante, ¿verdad? Nos habla de una serie de calamidades que
tuvo que atravesar el pueblo de Israel en determinada etapa de su historia. Claro,
esto fue por desobediencia, pero ellos le reclamaban a Dios como si Él fuera el
culpable de las cosas malas que les sucedían. Dios no tuvo la culpa, en realidad
fueron ellos por la dureza de su corazón y su constante rebelión en contra de Dios.
Pero observa cómo en esta etapa el pueblo recibió humillación y burla de otras

naciones. ¡Quizás allí se inventó el bullying! También vemos cómo toda esta serie de emociones alteradas les hacía reclamar a Dios. Pero no era la actitud correcta. Si tan solo se hubieran rendido y, arrepentidos, hubieran pedido perdón, Dios los hubiera salvado sin dudarlo. No hubieran sido puestos en ridículo no hubieran sido un hazmerreír para todos.

Hay muchos otros pasajes de la Escritura que hablan sobre la vergüenza, pero ahora queremos enfocarnos Jesús. Él fue quien llevó nuestra vergüenza sobre sí, como leemos en el siguiente versículo:

> *«Mantengamos fija la mirada en Jesús, pues de él viene nuestra fe y él es quien la perfecciona. Él, por el gozo que le esperaba, soportó la cruz y no le dio importancia a la vergüenza que eso significaba, y ahora está sentado a la derecha del trono de Dios».* **Hebreos 12:2**

La forma en que murió Jesús fue humillante. Desnudo, insultado, despreciado, y degradado al peor castigo, a la peor forma de tortura que existía en aquella época para terminar con la vida de una persona... y todo para que nosotros podamos alcanzar la paz y la redención (Isaías 53:4-9). Él se mantuvo en silencio porque sabía que debía obedecer al Padre, y que con este acto salvaría a toda la humanidad.

Hoy, nosotros somos parte de esa humanidad que ha sido rescatada del castigo de la muerte y la vergüenza del mundo, para ser acogidos en el reino del Hijo de Dios (Colosenses 1:13).

SI JESÚS PUDO CARGAR TODA VERGÜENZA SOBRE ÉL, NOSOTROS PODEMOS ACUDIR A ÉL PARA QUE NOS LIBRE DE TODA VERGÜENZA

Explícales esto a tus preadolescentes: Si Jesús pudo cargar toda vergüenza sobre Él, y levantarse de la tumba en victoria, entonces nosotros podemos acudir a Él para que nos libre de toda vergüenza y nos ayude a vencer aquellos sentimientos de deshonra que podrían perseguirnos.

¡Jesús cargó toda la vergüenza en favor nuestro!

REFLEXIÓN PERSONAL

Pídeles a tus preadolescentes que lean con atención las siguientes frases y que luego digan, de cada una, si piensan que es verdadera o falsa:

- Cuando hay algo que me avergüenza debo esconderlo y que nadie se entere._____

- La vergüenza me perseguirá por siempre._____

- El sentimiento de vergüenza puede ser derrotado gracias a Jesús._____

- La vergüenza no tiene importancia, no debo hacerle caso._____

- Es diferente la vergüenza por algo que nos sucedió por accidente, que por algo que hicimos a propósito._____

(Puedes agregar a la lista otros enunciados que consideres importantes para ayudar a tus chicos y chicas a reflexionar).

Como discipulador, deberás estar atento a las respuestas de cada uno de los participantes. Algunas de estas frases pueden ser engañosas, así que sácale el jugo a cada respuesta. También puede ocurrir que algunas de sus respuestas sean tan simples como «sí» o «no»; en esos casos deberás sacar a relucir tus habilidades como discipulador. Los preadolescentes muchas veces tienden a responder con monosílabos, pero tú deberás pedirles sus opiniones y enseñarles a razonar por medio de frases más complejas.

MEDITA EN UN PERSONAJE

HIPO EL «CAZA» DRAGONES

DreamWorks produjo la película animada *Cómo entrenar a tu dragón* basándose en los libros de Cressida Cowell. Su personaje principal es Hipo, un adolescente del pueblo vikingo que ha crecido lleno de complejos. Desde pequeño se había sentido diferente a los demás. Todos en su pueblo eran fuertes y aguerridos pero Hipo se sentía un debilucho. Cuando todos eran entrenados para cazar dragones, él no quiso hacerlo, pues sentía compasión por ellos.

Esa sensación de no encajar, sumada a los constantes gestos de desaprobación de su padre, lo habían confinado a una prisión de vergüenza. Hipo era inseguro, como muchos chicos de su edad hoy en día, y no tenía la confianza como para hablar de esto con su padre ni con ninguna otra persona. Incluso más adelante, cuando fue capaz de domar a un dragón único en su tipo, Hipo aún no sentía que fuera alguien idóneo como para ser considerado un verdadero vikingo.

¡Ser el hazmerreír del pueblo había traído sobre su vida una permanente sensación de ineptitud que incapacitó a Hipo para enfrentar los problemas de la vida! Él sufría por quién era y por cómo lo veían los demás. Afortunadamente, a lo largo de la película podemos observar su proceso de abandonar la vergüenza y la inseguridad, para convertirse en lo que había sido llamado a ser.

Ya para el final de la película podemos ver como poco a poco va tomando riesgos para salvar a todo su pueblo, incluyendo a su padre, de un dragón malvado que controlaba al resto de los dragones. ¡Hipo se convirtió en alguien valeroso, capaz de enfrentar con inteligencia y astucia al más fiero de todos los enemigos, y pudo hacer así lo que ningún otro vikingo hubiera logrado con sus músculos y su gran fuerza!

PREGUNTAS PARA LOS DISCÍPULOS:

- ¿En qué circunstancia de hoy podemos sentirnos como Hipo?

- ¿Qué hizo Hipo para dejar atrás su vergüenza?

JUAN EL BAUTISTA

Jesús conoció a Juan desde antes de nacer, cuando ambos estaban en el vientre de sus madres. Aunque la Escritura no menciona mucho sobre su niñez y adolescencia, es muy probable que, al ser el hijo de la prima de María, Juan haya Sido alguien muy cercano a Jesús en los años de su crecimiento. Ya llegando a la juventud o edad adulta, Juan reaparece en la Biblia y se hace de él una descripción breve pero bastante llamativa. Puedes encontrarla en la historia del bautismo de Jesús en los evangelios de Mateo, Marcos y Lucas.

Aquí tienes la versión de Mateo:

«En aquellos días, Juan el Bautista comenzó a predicar en el desierto de Judea. Este era su mensaje: 'Arrepiéntanse de sus pecados porque el reino de los cielos se ha acercado'.

Siglos atrás, el profeta Isaías había hablado de Juan y lo describió así:

"Una voz clama en el desierto: 'Prepárenle el camino al Señor; que nada le estorbe a su paso'".

Juan usaba ropa hecha de pelo de camello y se la sujetaba con un cinto de cuero. Su alimentación consistía en langostas del desierto y miel silvestre.

Toda la gente de Jerusalén, de todo el valle del Jordán y de toda Judea, iba al desierto a escucharlo. A los que reconocían que eran pecadores, él los bautizaba en el río Jordán».

Mateo 3:1-6

Juan era un predicador ambulante, y su mayor escenario era el desierto. Sus ropas eran de pelo de camello, y su alimento era miel silvestre y langostas (no el crustáceo marino, sino unos grillos enormes). Esta descripción claramente nos hace pensar que él era una persona que el resto consideraría «extraña». Sus ropas y su alimento no eran algo común en su época, ni tampoco su forma de vivir en el desierto como un ermitaño. Su predicación era dura, pero sin embargo Juan llevaba a muchos al arrepentimiento y a volverse a Dios. Así era necesario que sucediera, pues este hombre venía a preparar el camino para la llegada del Mesías.

Es interesante que a Juan no parecía importarle su imagen ni lo que otros pudieran pensar de él. A Juan le importaba más su propósito; aquello para lo cual había sido llamado por Dios. ¡Lo más seguro es que mucha gente hablara mal de él a sus espaldas, pero eso no lo detuvo en absoluto! Juan estaba tan comprometido con su llamado que decidió no hacer caso a ninguna de las estrategias que usó el enemigo para intentar detenerlo.

El ejemplo de Juan el Bautista es poderoso. Él no buscaba la aprobación de los hombres. Más importante que su vestimenta o lo que comía, era lo que había venido a hacer para el reino de Dios. Juan evitó ser vencido por la vergüenza porque consideraba que era más valioso su llamado que lo que otros pudieran decir de él.

PREGUNTAS PARA LOS DISCÍPULOS:

- ¿Cuándo, o en qué ocasión has sentido vergüenza por tu forma de vestir o por lo que haces?

- ¿Cuándo, o en qué ocasión has sentido que tu imagen es más importante que tu propósito?

- ¿Qué ejemplo podemos tomar de Juan el Bautista en este aspecto?

ACCIONES CONCRETAS

Esta es una guía útil de pasos a seguir en cada caso para compartir con tus preadolescentes:

Si cometí un pecado que me avergüenza, ¿qué debo hacer?

- Pedir perdón antes que nada. Eso quiere decir, en primer lugar, ponerte a cuentas con Dios por aquella falta, con la seguridad de que Dios nos perdona siempre. ¡No hay nada, por vergonzoso que sea, que Dios no pueda perdonar!

- Arrepentirte genuinamente. Arrepentirte es cambiar de mentalidad sobre el tema. Si antes creías que estaba bien hacer tal o cual cosa, arrepentirte de verdad es desear no volver a hacerlo, comprendiendo que hace daño.

- Recibir limpieza. Dios nos limpia de todo pecado cuando seguimos estos pasos, pero está en nosotros el sentir esa limpieza y creer que es verdad. No podemos seguir sintiéndonos culpables por algo que hicimos cuando ya hemos pedido perdón. Hay que recibir ese perdón y saber que Dios es fiel a su promesa.

Si otros me avergonzaron, ¿qué debo hacer?

- Perdonar. Ora por la persona que te ofendió, pidiendo bendición para esta persona, y pidiéndole a Dios que ponga paz y perdón en tu corazón.

- Lidiar con los sentimientos. Piensa en una manera de bendecir o de hacerle bien a la persona que te avergonzó. Esto transformará tus sentimientos. Puedes destacar algo que te gusta de él o de ella, escribirle un mensaje o comentar positivamente en algún post en las redes sociales, etc.

- Librarte de la culpa. Busca versículos que hablen de quién eres para Dios. Pégalos en tu espejo, o en la pared junto a tu cama, y repítelos todas las noches.

- Contarlo a alguien. Busca un amigo/a, un líder, o alguien de confianza, y cuéntale lo que te pasó. Esto te dará una mejor perspectiva que lo que repites una y otra vez en tu propia cabeza.

- Analizar la gravedad del tema. A veces la persona que abusa lo puede hacer de forma engañosa, e incluso puede hacerte sentir cosas agradables en algunos momentos. También puede ser que la persona que abusa te pida que lo guardes en secreto, o te amenace con cosas que te dan miedo. Por eso se hace difícil que puedas parar el abuso. ¿Cómo saber qué tan grave es? Sin ninguna duda es grave y debes pedir ayuda si se da alguna de las siguientes situaciones:

1. La persona que te ofende te amenaza con peores consecuencias si lo cuentas a alguien.

2. La ofensa atenta contra tu salud física, o si hay golpes que dejan moretones, cortaduras, o producen dolor por más de un rato.

3. La ofensa tiene que ver con tu sexualidad: besos en la boca, caricias en tus genitales, o en sus genitales, y/o te hace ver imágenes sexuales.

4. Estar cerca de quien te ofende te da mucho miedo, sientes deseos de esconderte o escapar.

5. La persona que te ofende te obliga a enviarle fotos de tu desnudez, o te envía fotos de sus partes privadas, y te amenaza con mostrar lo que alguna vez mandaste si no envías más fotos.

Si yo mismo me avergoncé, ¿qué debo hacer?

- Seguir adelante. Imagina en tu mente otro resultado de la misma situación. ¿Qué deberías hacer, o cómo podrías prepararte para la próxima vez?

- Reírte de ti mismo. Nadie es perfecto. Incluso cantantes aclamados, presidentes, y mucha gente famosa han hecho cosas que los han puesto en boca de todos provocando risas y burlas. Pero a fin de cuentas, son situaciones pasajeras, y con el correr del tiempo quedan solo como una anécdota más.

LECCIÓN 5

CAMBIOS INEVITABLES

«No hay manera de crecer sin cambiar».
Lucas Leys (*Diferente*)

Marinette es una adolescente normal, viene de una casa normal, tiene una familia estándar, y estudia en un colegio de lo más normal, hasta que se encuentra con un anciano de quien recibe un *kwami,* una joya que le otorga el poder de la creación y la transforma en una superheroína adolescente. Adrien es un muchacho que viene de una familia con mucho dinero. A él le sucede lo mismo, solamente que su kwami le da el poder de la destrucción. Juntos, son llamados a combatir las fuerzas oscuras que atacan París.

Miraculous: las aventuras de *Ladybug y Cat Noir* es una serie ambientada en París que ya ha sido vista en todo el mundo gracias a Netflix y Disney Channel. A algunos les recuerda a los *Power Rangers,* que trataban también de un artefacto que otorgaba a cada uno de los miembros del equipo trajes y poderes especiales para combatir la maldad.

Y sí, probablemente dirás que *Miraculous* tiene muchos elementos de magia y otras cosillas, pero los preadolescentes ven muchas series similares así que más vale que sepamos de qué se trata. Lo que tienen en común estas dos series son los poderes que reciben los protagonistas al activar un dispositivo X. Son diferentes, se convierten en guerreros, se vuelven héroes. Cambian, transforman su cuerpo, su mente y sus habilidades. Se hacen valientes y desafían a la maldad.

Todos soñamos alguna vez con cambiar y convertirnos en algo mejor. Lo maravilloso de la preadolescencia es que eso puede suceder en esta etapa: ¡Podemos convertirnos en personas superespeciales con el poder del Espíritu Santo en nosotros!

AVALANCHA DE IDEAS

Prepara una cantidad suficiente de masa o plastilina que alcance para todos los participantes. Al iniciar la reunión, entrégale un poco a cada uno y pídeles que construyan una forma que los represente en algún sentido. Un animal que les guste, o la figura que cada uno elija de acuerdo a su personalidad y gustos.

Cuando hayan terminado de moldear, cada uno deberá mostrarle al grupo su creación y explicar por qué le dio esa forma, lo cual ya será interesante. Pero luego de que todos hayan compartido, les lanzarás el reto.

Ahora deben unirse en parejas. (Si el número de participantes es impar, uno de los grupos puede ser de tres personas). Cuando ya estén reunidos, el reto será tomar ambas creaciones y, sin cambiar demasiado la forma inicial, intentar crear una forma nueva que incluya a ambas figuras. Al finalizar, todos deberán explicarle al grupo qué fue lo que inventaron. Haz que le pongan nombre a su creación, y que se rían un poco mientras comparten lo que han diseñado.

(Si tu reunión es virtual, pídeles a tus chicos con anticipación que tengan listo un poco de masa o plastilina. Durante la reunión, cada uno puede hacer una figura y luego cambiarla por otra. El efecto será similar).

Ahora pídeles que observen cuánto han cambiado las figuras desde su forma original. ¡Lo más seguro es que las han cambiado al menos un poco! Con esta introducción puedes hablarles acerca de los cambios que sufrimos las personas, y cuán necesarios son. Explícales que durante esta lección estarán aprendiendo sobre algunos cambios inevitables que todos ellos están atravesando o pronto atravesarán.

📝 FUNDAMENTOS DEL TEMA

La preadolescencia es la antesala de la pubertad, y seguramente varios de los chicos en tu grupo, sobre todo las chicas, ya estarán experimentando algunos de sus síntomas. De seguro tus chicos y chicas ya han escuchado hablar del tema, pero puedes hacerles un repaso de algunos aspectos generales de lo que es la pubertad, que ocurre usualmente entre los 11 y los 13 años, aunque en algunos casos se ha dado desde los 9 años.

Dependiendo de las características del grupo que estés discipulando (si tienes un grupo mixto, o si es solo de varones o solo de chicas) puedes usar la estrategia que encuentres más adecuada, como por ejemplo dividirlos entre chicos y chicas para alguna conversación específica. Aquí encontrarás información para ambos casos.

> **EL ASPECTO FÍSICO HA LLEGADO A SER MOTIVO DE MUCHAS PREOCUPACIONES EN LOS PÚBERES, YA QUE LES HACEN SENTIR INSEGUROS E INSATISFECHOS CON SU IMAGEN**

El punto no es informarles sobre los cambios físicos, sino darles un panorama general sobre el hecho de que están comenzando a cambiar de manera acelerada, y que eso es bueno aunque se puedan sentir extraños en el proceso. Tu labor indispensable como discipulador es ofrecerles la perspectiva bíblica que en otros lugares como la escuela no les darán, pero algo de información básica siempre es bueno compartir.

El aspecto físico ha llegado a ser motivo de muchas preocupaciones en los púberes, ya que todos estos cambios bruscos que experimentan en su forma corporal les hacen sentir inseguros e insatisfechos con su imagen.

«Esos cambios físicos son todo un tema y yo jamás los minimizaría. Son cambios visibles para todos, pero sobre todo son visibles para el joven que los está experimentando. Ellos viven con sus cambios físicos todos los días y ven todo su cuerpo como nadie más lo hace. En lo que se refiere a su

desarrollo físico, los chicos que están entrando en la adolescencia tienen una tormentosa combinación de esperanza y miedo. Les han dicho una y otra vez cómo se supone que deben lucir sus cuerpos y viven escuchando un monólogo interno continuo e incisivo que les repite: Mi cuerpo no está bien y las cosas están comenzando a cambiar».
Mark Oestreicher *(Entiende a tu preadolescente)*

CAMBIOS FÍSICOS EN LAS CHICAS:

Las chicas enfrentan los siguientes cambios en su cuerpo durante la pubertad: aumento en la estatura, desarrollo importante de la estructura ósea, aparición del vello púbico y axilar, e inicio del crecimiento de los senos. También se desarrollan sus glándulas sexuales (ovarios), y eso conlleva la aparición de la menarquia (primera menstruación).

CAMBIOS FÍSICOS EN LOS CHICOS:

Los chicos, por su parte, comparten con las chicas el crecimiento en estatura y el ensanchamiento de los huesos, así como el aparecimiento de vello púbico y axilar y el desarrollo de sus genitales. A esto se le suma un aumento en la masa muscular, el cambio en el timbre de voz y el aparecimiento de vello facial.

Junto con los cambios físicos aparece, además, la famosa explosión de hormonas que desata una serie de percepciones en los preadolescentes que antes no estaban allí. Surge un interés por lo romántico y curiosidad por la sexualidad, y estas nuevas sensaciones generan una enorme confusión en las mentes de los chicos y chicas. ¡Este tema sí que te compete como discipulador!

Muchos padres y líderes tienen tanto temor de abordar estos temas que se vuelcan hacia la más simple de todas las actitudes: fingir que nada sucede. Esto deja a los preadolescentes totalmente solos para lidiar con una situación que ya de por sí les resulta angustiante. Además, puedes tener la seguridad de que si tú desde tu rol, o los padres como los primeros discipuladores de sus hijos, no les dan la información adecuada, ellos encontrarán la información errónea en cualquier lado. ¡Es de lo más fácil de encontrar!

¿Puede un preadolescente evitar todo esto? No, aunque de seguro ellos están pensando que no quisieran vivir tantos cambios, y que todo era más fácil cuando eran niños y ninguna de estas cosas tenía importancia. Pero están. Son cambios inevitables, y llegan justo en la preadolescencia.

¡Bien por eso! Los cambios en esta etapa son una oportunidad preciosa para caminar hacia la juventud. Una ocasión para madurar y despertar al propósito para el cual cada uno ha sido diseñado.

> **MUCHOS PADRES Y LÍDERES TIENEN TANTO TEMOR DE ABORDAR ESTOS TEMAS QUE SE VUELCAN HACIA LA MÁS SIMPLE DE TODAS LAS ACTITUDES: FINGIR QUE NADA SUCEDE**

OTROS CAMBIOS QUE VIVEN LOS PREADOLESCENTES:

Este ha sido un resumen muy general sobre los cambios físicos que experimentan los chicos y chicas durante esta etapa, y ya en la primera lección hablamos acerca de los cambios en las emociones. Ahora hablaremos acerca de los cambios en sus pensamientos, ya que su forma de pensar también cambia de forma drástica en esta etapa.

El cerebro de la edad infantil se ha estado preparando para llevar a estos muchachos y muchachas hacia la adultez, y eso conlleva cambios fisiológicos, pero también en su comportamiento y su manera de pensar. Entender esto es clave al momento de discipular preadolescentes, pues nos ayuda a ver las cosas desde la perspectiva con que ellos las ven. Nuestra labor como discipuladores será acompañarlos mientras avanzan en este camino de convertirse en adultos, al mismo tiempo que van aprendiendo a ser discípulos de Cristo.

Algunas cosas para aprender:

- El cerebro del preadolescente aún no es un cerebro adulto. (Eso sucede recién alrededor de los 25 años).

- Los preadolescentes tratarán de tomar algunos riesgos empujando límites y haciendo pruebas sobre lo que sucede a su alrededor. Es el clásico juego de aprender fracasando, y aunque no todos aprenden de sus errores, su cerebro sí se va condicionando a sus éxitos e intenta distinguir qué cosas conviene evitar.

- ¡Eso es muy diferente a como piensa un niño! Usualmente, si le dices a un niño que no tome un determinado riesgo, él será obediente, o si es desobediente lo será porque quiere obtener algo que realmente desea, pero no porque esté probando sus límites. El preadolescente se sentirá fuerte y decidido a tomar ese riesgo aunque le hayan advertido del peligro.

Nota de ayuda: Consigue el libro online *«Entiende a tu preadolescente»* de Mark Oestreicher en www.e625.com/tienda

Para finalizar, como discipulador debes tener claros estos tres cambios importantísimos que se dan durante la preadolescencia:

1. **Responsabilidad:** Es una edad en la que pueden tomar responsabilidades, no iguales a las de un adulto, pero sí de cosas que estén a su alcance. Considera eso en su entrenamiento espiritual y en su acercamiento a Dios. La fe ya va dejando de ser una herencia de sus padres y empieza a ser una decisión personal. Por eso es vital tu participación intencional en esta etapa.

2. **Compromiso:** Ellos están listos para comprometerse, tanto con una idea como con un estilo de vida o una filosofía de pensamiento. Ya están empezando a elaborar un criterio propio. Todo lo que tú hagas en esta etapa será clave para lograr que se comprometan con Jesús.

3. **Límites y libertad:** Ahora se dan cuenta de que pueden tener más libertad, y van a querer tomar riesgos que antes no tomaban. Pero, así como quieren mayor libertad, deben tener claros los límites que esa libertad implica.

> **LA FE YA VA DEJANDO DE SER UNA HERENCIA DE SUS PADRES Y EMPIEZA A SER UNA DECISIÓN PERSONAL**

Este es un tema muy importante, y estaremos hablando más acerca de límites y libertad en la Lección 10.

📖 ILUMÍNATE CON LA VERDAD

Jesús también fue un preadolescente y experimentó cambios. Y si bien es cierto que no existen muchos registros en la Escritura sobre las etapas de niñez y adolescencia de Jesús, sí tenemos la siguiente historia que relata un evento que sucedió en plena preadolescencia de nuestro Señor. Justo a los doce años.

Puedes leer la historia junto con tu grupo de discipulado, o pedirles que lean el pasaje de antemano:

«Los padres de Jesús iban todos los años a Jerusalén para la fiesta de la Pascua. Cuando él cumplió doce años, fueron allá como era su costumbre. Al terminar la fiesta, se regresaron, pero el niño Jesús se quedó en Jerusalén sin que sus padres se dieran cuenta. Ellos caminaron todo un día pensando que Jesús iba entre los familiares y conocidos. Cuando lo buscaron y no lo encontraron, volvieron a Jerusalén para buscarlo.

Después de tres días, lo encontraron en el templo, sentado entre los maestros de la ley, escuchándolos y haciéndoles preguntas. Todos los que lo oían se quedaban asombrados de su inteligencia y de sus respuestas. Cuando sus padres lo vieron, también se quedaron admirados. Su madre le dijo:

—Hijo, ¿por qué nos has hecho esto? ¡Tu padre y yo te hemos estado buscando llenos de angustia!

Él le respondió:

–¿Por qué me buscaban? ¿No sabían que tengo que estar en la casa de mi Padre?

Pero ellos no entendieron lo que él les quería decir. Entonces Jesús volvió con sus padres a Nazaret y los obedecía en todo. Pero su madre guardaba todas estas cosas en el corazón.

Jesús seguía creciendo en sabiduría y estatura, y gozaba más y más del favor de Dios y de la gente».

Lucas 2:41–52

En resumen, Jesús había ido a celebrar la pascua en Jerusalén junto con sus padres. Ya tenía doce años cumplidos para entonces, y cuando regresaban, en medio de la caravana de familiares y conocidos que viajaban juntos, Jesús se perdió de la vista de sus padres. Se cree que quizás, como la caravana era muy grande, los padres de Jesús habrán pensado que el jovenzuelo caminaba con algún pariente o conocido, pero lo cierto es que al buscarlo no lo encontraron.

Puede resultar un poco gracioso tratar de imaginar cómo sucedió esto. Quizás María pensaba que él estaba con José, y José pensaba que estaba con María, y cuando se encontraron, se miraron y se preguntaron: «¿Y Jesús? ¿No estaba contigo?», «No, no estaba conmigo. ¡De hecho, pensé que estaba contigo!»

No es así como la Biblia lo describe, pero pudo ser. Lo que sí es seguro es que cuando se percataron de que Jesús no estaba se pusieron a buscarlo, ¡y encontrarlo les tomó tres días! Esto parece un tiempo demasiado largo para nuestra visión moderna, pero considera estos detalles:

- Galilea estaba a unos 120 kilómetros de Jerusalén.

- La distancia debía ser recorrida a pie, y eso les debió tomar algunos días.

- La fiesta de la pascua duraba siete días, así que todos ellos durmieron en Jerusalén una semana entera.

- El texto dice que al terminar la fiesta regresaban a su hogar.

Estas consideraciones nos revelan que este viaje ya les había tomado al menos dos semanas, durmiendo en posadas o en donde les alcanzara la noche, quizás en tiendas portátiles. Que Jesús haya estado perdido por tres días suena ahora más razonable, ¡aunque no quiere decir que haya sido menos preocupante para sus padres!

Ahora bien, leímos que Jesús ya había cumplido los 12 años de edad. En la cultura hebrea, a partir de los 13 años los niños varones ya eran responsables de cumplir la ley ritual sin la observación de sus padres. Eso quiere decir que ya eran responsables de sí mismos. Jesús ya tenía 12 años y se acercaba a cumplir los 13. Es razonable pensar que estuviera intentando tomar su rol como varón dentro de la cultura. Claro que lo que hizo no fue atinado; fue un riesgo que tomó, como aquellos riesgos que habíamos dicho que los preadolescentes toman porque sienten que ya tienen la suficiente madurez y libertad para eso.

Algunos opinan que Jesús desobedeció a sus padres con este acto, pero no hay pruebas de que haya sido así. Aunque las palabras de Jesús parecen desafiantes, en realidad la forma como respondió es bastante lógica: «¿Por qué me buscaban? ¿No sabían que debía estar en los negocios de mi Padre?». Era algo así como decir: «Papá, mamá, ustedes me conocen... Lo más lógico era que estuviera en el templo, donde están los maestros que enseñan sobre la ley de Dios. No era lógico que me buscaran en otro lugar».

Jesús debió estar esperando que sus padres fueran por él al lugar donde sabían que él debía estar. A sus padres, pensando como padres, de seguro se les cruzaron mil ideas por la cabeza cuando vieron que él no estaba en la caravana. ¿Se perdió? ¿Se hizo daño? ¿Alguien lo secuestró? A los que somos padres se nos ocurren mil cosas que podrían haber sucedido, pero este pasaje nos enseña que debemos buscar siempre en el lugar más lógico primero.

¡Jesús actuó como un verdadero preadolescente, y no, nunca pecó!

¿Para qué sirven estas etapas intermedias entre la niñez y la adultez, sobre todo la preadolescencia? ¡Sirven nada más y nada menos que para madurar!

Pídele a uno de tus chicos que lea esta porción de la Escritura:

«Cuando yo era niño, hablaba, pensaba y razonaba como niño; pero cuando alcancé madurez en la vida, dejé a un lado las cosas de niño. De la misma manera, nuestros conocimientos son ahora muy limitados, como si estuviéramos viendo una figura en un espejo defectuoso; pero un día veremos las cosas como son, cara a cara. Mis conocimientos son ahora imperfectos, pero en aquel día podré conocer tal y como él me conoce a mí».
1 Corintios 13:11–12

LA PUBERTAD Y LOS CAMBIOS QUE SE PRESENTAN DURANTE ESTA ETAPA SON COMO UN ESPEJO QUE NOS DEJA VER PORCIONES BORROSAS DE LO QUE SEREMOS EN UN FUTURO

En esta porción, Pablo les habla a los corintios sobre cómo el amor nos hace madurar y dejar algunas actitudes de niños para convertirnos en adultos. Dice que lo que hoy vemos es como un espejo defectuoso, que nos hace ver imágenes borrosas de lo que será el futuro. Así también es la pubertad y los cambios que se presentan durante esta etapa: son como un espejo que nos deja ver porciones borrosas de lo que seremos en un futuro. ¡Pero aún falta para llegar a esa madurez que como discípulos necesitamos!

Miren juntos este otro pasaje:

«Amados hermanos, no sean niños en cuanto a la comprensión de estas cosas. Sean niños en lo que a malicia se refiere, pero maduros en asuntos como estos». **1 Corintios 14:20**

Aquí Pablo le sigue hablando a la iglesia de Corinto, esta vez sobre los dones y cómo deben usarse dentro de las reuniones. El contexto era que muchos estaban notando cambios en sus vidas, y experimentando cosas con Dios que antes no sucedían. El don de lenguas era uno de esos cambios. Pablo les recomienda que, a pesar de que todo esto es nuevo y sensacional, no deben comportarse como niños, sino que deben aprender a madurar en su comprensión sobre estas cosas.

⚙ REFLEXIÓN PERSONAL

En esta sección les harás a tus preadolescentes una pregunta que puede tener respuestas múltiples:

¿En qué es cada uno de ustedes diferente de cuando era niño o niña?

Diles que pueden pensar en distintas categorías:

- Físico
- Emociones
- Pensamientos
- Sexualidad
- Responsabilidades
- Actitudes
- Valores

Luego pregúntales si estos cambios han sido positivos o negativos para ellos. Ten presente que cada uno ha vivido una experiencia particular que no necesariamente se parece a la del otro. Cada discípulo es diferente, y necesitas verlos como un todo, pero también de forma individual.

La idea de este ejercicio es que tus preadolescentes identifiquen en qué cosas han cambiado, y en qué aspectos se sienten diferentes de cuando eran niños. Y quizás, si logras ganarte su confianza y que abran su corazón, podrás hablar sobre los temores o la angustia que les producen

NO TENGAS TEMOR DE TRATAR EL TEMA DE LA SEXUALIDAD CON TUS PREADOLESCENTES. NO SOLO ES OPORTUNO, SINO TAMBIÉN NECESARIO Y URGENTE

determinados cambios. De seguro han escuchado cosas sobre tal o cual tema del que no se animan a conversar con nadie, y esta puede ser una buena oportunidad para que hables con ellos al respecto.

Por si acaso, te lo repetimos: No tengas temor de tratar el tema de la sexualidad con tus preadolescentes. No solo es oportuno, sino también necesario y urgente. Hazlo con calma y con naturalidad. No olvides que esta generación es diferente a las anteriores.

 MEDITA EN UN PERSONAJE

MYSTIQUE

Uno de los personajes más intrigantes de los X-Men es Mystique. Ella puede cambiar de forma y convertirse en cualquier otra persona que haya podido ver, por lo que puede tomar el lugar de presidentes, agentes, policías, o de cualquier ciudadano común. Es su manera de camuflarse para no ser encontrada, o para infiltrarse en cualquier lugar. No solo imita el aspecto de las personas, sino también su voz, tamaño, color de piel, etc. Se vuelve una copia exacta de aquel a quien imita.

Muchos de los preadolescentes manifiestan que sería algo genial poder verse como alguien más. Ser un camaleón y cambiar todo el tiempo de aspecto. Sin embargo, en la película *First Class,* el personaje de Mystique lucha con verse normal, como todos los demás, pues su verdadera piel es de color azul y llena de escamas en el cuerpo, con cabellos rojos encendidos y un aspecto que puede dar susto. Por eso ella cambia siempre de forma. Y quizás por sentirse así, diferente, despreciada, un bicho raro, es que luego se convierte en parte del equipo de villanos de la historieta.

PREGUNTAS PARA LOS DISCÍPULOS:

- ¿A quién te gustaría parecerte? ¿Por qué?

- Seguramente algunas cosas ya comenzaron a cambiar en tu cuerpo y en tu mente. ¿Por qué crees que estos cambios son necesarios y buenos?

PABLO

Saulo de Tarso era un estudioso de la Escritura, y consideraba que los seguidores de Jesús eran rebeldes y herejes al darle a un hombre cualquiera el título de Hijo de Dios. Por este motivo, se había convertido en uno de los mayores perseguidores de los primeros creyentes en este Mesías que había venido a revolucionar a la tradición.

En su historia, descrita en el libro de los Hechos, se cuenta que en determinado momento Saulo tuvo un fuerte encuentro sobrenatural con Jesús. A partir de allí, su nombre cambió a Pablo, y se convirtió en el apóstol a los gentiles, con un llamado profundo a predicar la verdad de Jesucristo a todas las naciones.

Si hay alguien que sabe de cambios es Pablo.

Él experimentó lo que significaba ser parte de una tradición milenaria que exigía el cumplimiento estricto de ciertas prácticas religiosas, para luego renunciar a todo eso y convertirse en un defensor de los ideales del Reino de Dios que Jesús había predicado. Pablo valoraba su linaje hebreo como descendiente de la tribu de Benjamín, y sus estudios como fariseo a los pies de Gamaliel, celoso cumplidor de la ley de Dios e intachable en su forma de vivir. Sin embargo, al encontrarse con Jesús, su perspectiva de la vida cambió por completo. Pablo decidió echar a la basura todo aquello que antes le hacía sentirse superior a otros, pues entendió que el conocimiento de Cristo le invadía y le impulsaba a cambiar su forma de pensar y actuar.

Su cambio de mentalidad fue tan radical que luego dijo cosas como: *«Sigan mi ejemplo, así como yo sigo el de Cristo».* (1 Corintios 11:1)

Una declaración de esta naturaleza, reconociendo que ahora su vida sería vana si no tuviera a Jesús, muestra que Pablo era una persona diferente a la anterior. Se había despojado del religioso Saulo que era antes, para convertirse en el apóstol Pablo, un verdadero discípulo de Jesús, humilde y sumiso a la voluntad de Dios.

PREGUNTAS PARA LOS DISCÍPULOS:

- ¿De qué manera podrías identificarte con los cambios de Pablo?

- La experiencia de Pablo es un modelo a seguir para todos los cristianos. ¿De qué manera puede ser un modelo para ti en esta etapa de tu vida?

ACCIONES CONCRETAS

Para cerrar esta lección:

1. Comienza afirmándoles con seguridad a tus preadolescentes que están madurando y que cambiar es algo positivo aunque algunas cosas parezcan fuera de lugar en el proceso. No des por sentado que ya lo saben. Que esto les quede clarísimo como resultado de esta lección.

2. Como siguiente paso, lleva a tu grupo a una adolescente mujer y a un adolescente varón (de entre 16 y 18 años) que tengan un buen testimonio, para que cuenten sus experiencias con los cambios de la preadolescencia a la adolescencia, y para que animen a los preadolescentes a atravesar está etapa con confianza y seguridad. Prepara a esos adolescentes con anticipación, y ayúdales a ver la importancia de que los preadolescentes se inspiren en ellos para sentir que es posible y vale la pena superar la preadolescencia con éxito.

3. Por último, encárgales que tengan una conversación acerca de su crecimiento con alguien mayor que sea de confianza y que les resulte un ejemplo de madurez. Con esto los estarás preparando para ser intencionales en procurar tener buenos mentores.

LECCIÓN 6

LA CONEXIÓN FUNDAMENTAL

«Lo que viene a nuestra mente cuando pensamos en Dios es lo más importante sobre nosotros».

A.W. Tozer *(El conocimiento del Santo)*

¿Jugaste alguna vez con Legos? Lo que hace muchos años era un juguete difícil de conseguir en algunas ciudades, hoy tiene parques temáticos gigantescos.

Armar mundos de Lego te deja ser una especie de creador. Con tantas piezas como existen hoy, las creaciones de Lego pueden llegar a ser mundos realmente complejos y geniales. Pero claro, ninguna de las personitas de Lego que incluyamos en esas creaciones tiene la menor conciencia de que nosotros somos sus creadores. De manera similar, muchos a nuestro alrededor viven en la misma inconciencia, ya que hay no cristianos (y también supuestos cristianos) que viven como si su Creador no existiera.

Dios es el Creador que se acercó a nosotros mediante Jesucristo, y lo ideal sería que cada uno de nosotros viviéramos conectados y cerquita de Él. Estar desconectados de Él no solo nos roba la promesa del cielo y la vida eterna, sino que nos incapacita para el gozo de vivir ahora una vida abundante, con propósito y trascendente.

AVALANCHA DE IDEAS

Consigue un ovillo de lana lo suficientemente largo y algunas sillas, teniendo en cuenta el número de participantes que habrá.

El primer paso será separarse, extender el ovillo entre todos, y pedirle a cada uno de los chicos y chicas que hagan un lazo grande en la porción del ovillo que les tocó. Pídeles que dejen suficiente lana entre un lazo y otro, o sea, entre un participante y otro. Que queden al menos dos metros de espacio.

Una vez que estén todos conectados, el desafío consistirá en que todo el grupo deberá viajar de un lado al otro del lugar. El segundo nivel es comenzar a caminar sobre las sillas. Aquel que toque el piso no podrá continuar; saldrá del juego y se quitará una silla.

La otra regla es que cada uno debe tomar con una de sus manos el lazo que hizo, y no puede despegarse de él. No es suficiente con que siga agarrando la cuerda o lana; debe agarrar el lazo que fabricó en ella. Aquel que suelte el lazo que hizo, deberá salir, y se quitará también una silla en este caso.

Como pronto podrás observar, el reto se va complicando de a poco. Sé rígido en las reglas. Si alguien toca el piso o alguien suelta el lazo que hizo, deberá salir del juego.

Recomiéndales que piensen una estrategia, y que hablen el uno con el otro para organizarse. ¡Mientras menos hablen, más difícil será finalizar con éxito!

Si lo deseas, puedes poner un tiempo límite para hacerlo más intenso.

DESENLACE:

Lo más importante de esta curiosa experiencia es la conclusión.

Reúne al grupo y pídeles que compartan lo que sintieron mientras jugaban. Pregúntales si tuvieron éxito o no, y a qué creen que se debió. Permite que todos puedan compartir sus impresiones.

Ahora es tu momento de aterrizar lo que pasó:

La cuerda representa a Dios. Sin Él no podemos vivir. Por eso era tan necesario estar todo el tiempo tocando la cuerda. Pero los lazos también eran importantes, porque representan a cada persona que te ayuda a acercarte a Dios, como los líderes, mentores, padres naturales, padres espirituales, pastores, etc.

Las sillas representan las dificultades del camino que uno atraviesa y las decisiones que se van tomando en la vida y que a veces te hacen caer.

Si tu reunión es virtual, puedes lanzarles un reto. Pídeles que busquen un ovillo de lana y que en ese momento de la reunión vayan por la casa buscando a todos los miembros de su familia, y los aten con el ovillo de lana. Hazlo como una competencia, para que se diviertan en casa. Para superar el desafío deberán compartir con el grupo una foto o video de su familia atada con el ovillo, todos juntos. Tú deberás ser hábil para dirigir el juego de manera virtual, poniendo un tiempo límite para que todos corran rápidamente a realizar la prueba.

NO SE PUEDE AVANZAR EN LA VIDA SIN TOMARNOS DE LA MANO DE DIOS, Y TAMPOCO PODEMOS HACERLO SIN LA COMPAÑÍA DE PERSONAS QUE NOS AYUDEN A MANTENERNOS FIRMES EN ESTE CAMINO

En ambos casos, deja claro el concepto de que no se puede avanzar en la vida sin tomarnos de la mano de Dios, y tampoco podemos hacerlo sin la compañía de personas que nos ayuden a mantenernos firmes en este camino. De ahí la importancia de tener mentores, líderes, ¡y discipuladores!

FUNDAMENTOS DEL TEMA

Admitir la existencia de Dios es una cosa pero confiar en Él, es otra. Según la Escritura, hasta los demonios creen, aunque huyen cuando escuchan su nombre. Por eso, el hecho de creer no es suficiente. Confiar en Dios tiene más potencia. Tiene que ver con una relación que podemos alimentar. Es igual a lo que sucede con una persona que apenas conoces, pero que conforme pasan tiempo juntos, se van conociendo cada vez más.

Nuestra fe está incompleta si no hay una relación íntima con Dios, y la forma como los preadolescentes se conectan con un amigo o amiga, con un líder, o con sus padres, resulta clave para entender cómo funcionará su conexión con Dios.

Hazles la siguiente pregunta para que reflexionen:

¿Cómo te conectas tú con un nuevo amigo o amiga?

NUESTRA FE ESTÁ INCOMPLETA SI NO HAY UNA RELACIÓN ÍNTIMA CON DIOS

Al inicio, alguien te cuenta acerca de la persona, o te la presenta. Esa persona te cae bien, y decides buscar momentos para relacionarte más con ella. Aún no hay conexión en esta etapa, solamente pasan tiempo juntos, se conocen más el uno al otro, y empiezan a ver lo que tienen en común. Si ambos siguen alentando la relación de amistad, pronto encontrarán momentos más personales, aprenderán a resolver sus conflictos, y si todo eso sale bien, habrán aprendido a mantenerse conectados el uno con el otro. Por otra parte, si esa conexión no se da bien, la amistad quedará como algo pasajero, como recuerdos de alguien a quien alguna vez conociste.

Para conectarnos con Dios también tenemos que atravesar algunas etapas, las que podrían resumirse de la siguiente manera:

A continuación te presentamos un detalle de cada etapa:

1. ETAPA CASUAL:

- Alguien te contó acerca de Dios o te presentaron el evangelio.

- No entiendes aún por qué hacen lo que hacen aquellos que siguen a Dios.

- Tu vida sigue igual que antes, y no hay una conexión real con Dios.

2. ETAPA DE ATRACCIÓN:

- El evangelio atrajo tu atención y te sientes motivado a conocer más de ese Dios del que te hablan.

- No sabes orar, pero dejas que oren por ti.

- Quieres cambiar tu vida, pero aún no sabes cómo. No hay una conexión real con Dios.

3. **ETAPA INTENCIONAL:**

- Decides acercarte intencionalmente a Dios para conocer más de su Palabra.

- Aprendes a orar, a adorar, y te congregas con otros que piensan y sienten igual.

- Ya has cambiado algunas áreas que no eran buenas para ti. Inicias una conexión con Dios, pero le pones algunas condiciones.

4. **ETAPA DE AFIRMACIÓN:**

- Tu relación con Dios se afirma y se convierte en una fe genuina. Investigas profundamente las cosas de Dios.

- Aprendes a escuchar su voz. La oración se convierte en un estilo de vida, y adquieres nuevas formas de comunicarte con Dios.

- Pones todo tu esfuerzo en cambiar tu vida y agradar a Dios. Estás conectado con Dios, y decides creer a pesar de no entender muchas cosas.

5. **ETAPA DE CONVICCIÓN:**

- No habrá nada que cambie tu manera de pensar. Seguirás a Dios hasta las últimas consecuencias.

- Tienes una comunicación fluida con Dios, le conoces a través de su Palabra y de su voz, y aprendes a ver a Dios en todas las cosas.

- No practicas el pecado, sino que te alejas de él. Tu conexión con Dios es profunda y motivas a otros a llegar allí.

📖 ILUMÍNATE CON LA VERDAD

No existe otro ejemplo mejor en la Biblia acerca de conectarse con Dios que el de Jesús. Por todo el evangelio lo vemos conectado con el Padre para tomar las decisiones importantes. Desde su niñez hasta el momento de su último aliento de vida natural, Jesús hizo todo para agradar a Dios.

NO EXISTE OTRO EJEMPLO MEJOR EN LA BIBLIA ACERCA DE CONECTARSE CON DIOS QUE EL DE JESÚS

¿Dónde podemos observar la conexión de Jesús con el Padre?

- En sus oraciones, en las que se notaba su anhelo por estar a solas con el Padre.

- En sus discursos, que siempre terminaban haciendo referencia a palabras que el Creador había inspirado a escribir a los antiguos profetas.

- En sus milagros, los que siempre terminaba dándole la gloria al Padre.

- Cuando hablaba de las cosas cotidianas y compartía con sus discípulos, ya que sus palabras y acciones denotaban una relación íntima con Dios.

- En el hecho de que no hubo pecado en él, porque siempre supo que estaba apartado para Dios, que es el verdadero significado de ser santo. Por eso es que Jesús mismo nos pide que seamos santos, apartados para Dios, conectados con Él, en todo tiempo, en toda circunstancia, en toda calamidad y en toda bendición.

Muéstrale esta secuencia a tu grupo de discipulado:

- Cuando era niño, a los 12 años...

    «Él le respondió: –¿Por qué me buscaban? ¿No sabían que tengo que estar en la casa de mi Padre?». **(Lucas 2:49)**

    ...Jesús tenía la certeza de que el Padre le quería allí, en sus asuntos.

- En su bautismo, antes de comenzar su ministerio público...

«En una ocasión en que todos iban para que Juan los bautizara, Jesús fue y también a él lo bautizó. Y mientras Jesús oraba, el cielo se abrió y el Espíritu Santo bajó sobre él en forma de paloma. Entonces se oyó una voz del cielo que decía: –Tú eres mi Hijo amado; estoy muy contento contigo».
(Lucas 3:21–22)

...Las palabras del Padre afirmaban la conexión que había entre ambos.

- En la elección de sus discípulos...

«En aquellos días se fue Jesús a la montaña y pasó toda la noche orando a Dios. Al amanecer, llamó a sus discípulos y entre ellos escogió a doce, a los que llamó apóstoles: Simón (a quien le puso el nombre de Pedro) y su hermano Andrés, Jacobo, Juan, Felipe, Bartolomé, Mateo, Tomás, Jacobo hijo de Alfeo, Simón (al que llamaban Zelote), Judas hijo de Jacobo, y Judas Iscariote (que fue el que lo traicionó)». **(Lucas 6:12–16)**

...¿quién se pasó toda la noche orando? Jesús.

- Cuando les enseñaba a orar...

«Él les dijo: –Cuando oren, digan: 'Padre, santificado sea tu nombre. Venga tu reino. Danos hoy nuestro pan de cada día. Y perdónanos nuestros pecados, porque también nosotros perdonamos a todos los que nos hacen mal. Y no nos metas en tentación'». **(Lucas 11:2–4)**

...el Padre siempre estaba en sus oraciones.

- En el momento de su muerte...

«Entonces Jesús gritó con fuerza: –¡Padre, en tus manos encomiendo mi espíritu! Y después de decir esto, murió». **(Lucas 23:46)**

...Jesús habló con la certeza de que estaba pronto a encontrarse nuevamente con el Padre.

Su forma de expresarse, de dirigirse al Padre, de ser uno con Él, y de pedirnos que seamos nosotros también uno solo con Él, todo esto nos hace ver el nivel de conexión que Jesús tenía con el Eterno Dios. ¡Aprendamos de Cristo, nuestro mayor ejemplo!

 REFLEXIÓN PERSONAL

Coloca en un pizarrón o en una hoja de papel estas dos listas y pídeles a tus preadolescentes que unan con líneas la frase de la lista de la izquierda que se conecte mejor con cada palabra de la lista de la derecha.

Si estás en una reunión virtual puedes enviarles una foto de estas dos listas, y que cada uno use la herramienta de lápiz sobre la foto para unir con líneas las frases. ¡De seguro podrán hacerlo sin problemas!

UNIR CON LÍNEAS	
EN ESTE CASO:	MI CONEXIÓN DEBE SER:
Con Dios	Respetuosa
Con mis padres	Útil
Con mis hermanos	Afectuosa
Con mis amigos	Informativa
Con mis maestros	Íntima
Con mis líderes	De confianza
Con mi mascota	Leal
Con mi teléfono	Amorosa
Con mi computadora	Fiel

Al final del ejercicio se darán cuenta de que hay algunos adjetivos que pueden calzar en varios de los casos, pero hay otros que definitivamente no calzan. Por ejemplo, no podemos ver a Dios como una conexión útil o informativa; eso lo dejamos para el celular o la computadora. Pero sí podemos tener con Dios una relación de confianza, o afectuosa, aunque lo ideal sería que fuera íntima.

Esta actividad debe producir en el preadolescente la capacidad de reflexionar sobre su propia conexión con Dios. Es probable que alguno diga que ve a Dios solamente con respeto y que su conexión no va más allá. ¡Debes alentarles a mejorar esa conexión cada vez más, ya que una de las insignias del discipulado es crecer en nuestra relación con Dios!

 MEDITA EN UN PERSONAJE

LUCY

C.S. Lewis es el escritor de la saga de siete libros de *Las Crónicas de Narnia*. En el libro titulado *El león, la bruja y el ropero* aparecen cuatro hermanos. La menor de ellos es Lucy. La pequeña Lucy es quien encuentra por primera vez la puerta de ingreso al mundo fantástico de Narnia, y ese es el inicio de una gran aventura.

Hablaremos de Lucy porque justamente es ella quien se conecta por primera vez con el mundo de Narnia, pero también porque es quien más conectada está con el león Aslan, el creador de todo, soberano y regente de Narnia. La relación de Lucy con Aslan fue muy especial desde el principio, tanto de parte de la niña (que se maravillaba por la imponencia del majestuoso león), como de parte de Aslan (que sentía gran ternura y un afecto especial por la inocente Lucy).

En *El Príncipe Caspián*, Lucy vuelve a aparecer, y es ella quien primero ve a Aslan en el bosque. Su fe no ha menguado, a pesar de que ha estado fuera de Narnia por mucho tiempo, y de que ninguno de sus hermanos ha podido ver nuevamente al león. Aslan reconoce eso en Lucy y ella es un buen ejemplo de la posibilidad que tenemos de estar conectados con Dios de forma íntima, constante y permanente.

PREGUNTAS PARA LOS DISCÍPULOS:

- ¿Cuál es la gran virtud de Lucy?
- ¿Cómo podemos desarrollar esa fe nosotros?

SAMUEL

El profeta Samuel, escritor de dos libros de la Biblia, es considerado un siervo que estaba en constante conexión con el Eterno. Desde muy niño ya escuchó su voz, y aunque no sabía quién era Dios ni cómo distinguir esa voz, poco a poco fue aprendiendo. Gracias a su sensibilidad para escuchar la voz de Dios, Samuel pudo seguir en todo momento las instrucciones que venían de Él, desde en cosas que parecían ser insignificantes, hasta en los actos proféticos de mayor relevancia para la historia del Pueblo de Dios.

Por ejemplo, Samuel recibió dirección de Dios para ungir a Saúl como el primer rey de Israel, y también supo cuando era el tiempo para destituirlo por su desobediencia. Pudo encontrar a David para ungirlo como el sucesor de Saúl a pesar de que estaba escondido en el campo pastoreando ovejas. Incluso cuando le presentaron primero a todos sus hermanos, supo esperar a que llegara el correcto, aquel que Dios había elegido.

Samuel fue testigo de muchas batallas, tanto victorias como derrotas, y ninguna cosa lo apartó de ese Dios que él había conocido desde la niñez. Estar conectado con Dios no significaba para Samuel escucharle solamente, sino también obedecerle, y por eso siempre tuvo el privilegio de escuchar la voz audible de Dios que nunca se apagó en su vida.

PREGUNTAS PARA LOS DISCÍPULOS:

- ¿De qué manera te puedes dar cuenta cuando Dios te está queriendo decir algo?

- ¿Cómo podemos aprender a escuchar a Dios como Samuel?

ACCIONES CONCRETAS

Usa el cuadro de las etapas en nuestra relación con Dios que vimos en este capítulo, y elabora con tus preadolescentes un plan para continuar avanzando en este proceso. El plan puede incluir algunas ideas generales como las siguientes:

- Apagar todos los aparatos electrónicos, entrar en algún lugar en el que puedan estar a solas, y pensar en Dios. Diles que piensen en quién es Dios y en qué quiere Dios para ellos.

- Salir temprano en la mañana a un lugar alto, como una montaña, o la azotea de una casa o edificio, para observar el amanecer, (cuidando que sea un lugar seguro). Puede ser que cada uno vaya por su cuenta, o que se junten para hacerlo.

- Escuchar una canción una noche de la semana a solas en sus habitaciones, y tratar de recibir lo que Dios les quiere decir. Puedes sugerirles algunas canciones para esto.

- Reunirse para tener un tiempo de oración juntos, en persona o de manera virtual, en un momento diferente al de la reunión habitual.

- Organizar un reto de lectura de la Biblia durante la semana. (Al final puedes pedirles que escriban, en papel o en un chat, lo que sienten haber recibido y escuchado de Dios de forma personal).

Anímalos a hacer algunas de estas cosas a solas pero también ayúdalos a organizarse para hacerlo de a tres o cuatro amigos íntimos nada más. Por supuesto, ¡tú puedes ser parte también!

Lo importante es que la experiencia sea un nuevo paso. Esto es parte del trabajo de ayudar a un discípulo a caminar más allá en su conocimiento de Dios, no solo con un conocimiento mental o intelectual, sino con un aprendizaje relacional.

LECCIÓN 7

PARTE DE LA SOLUCIÓN

«Hay personas por todo el mundo que pueden vivir sin darse cuenta de cuánta necesidad realmente hay en este mundo, ni de la importancia de lo que significa servir a otro».

Alexa Brown Shannon (*Trabajemos en familia*)

Comienza esta lección preguntando a tus preadolescentes cuáles son las habilidades extraordinarias de todos los superhéroes que conozcan. Haz una lista escribiéndolas. Asegúrate de poner en la lista todas las sugerencias que ellos propongan. Desde los superhéroes clásicos de los comics, hasta las últimas películas y series que los chicos y chicas hayan podido ver. ¡La lista será muy larga!

Verán que cada uno de esos personajes se destaca por una habilidad especial que le ha sido otorgada. Fuerza, rapidez, telequinesis, teletransportación... Pueden volar, hacerse invisibles, conocer la tecnología más que cualquier otro, o adoptar las facultades de algún animal.

Luego pregúntales acerca de los poderes de los villanos, y también hagan una lista de estos. Pronto notarán algo, y es que algunos de esos poderes son los mismos de la lista anterior, solo que usados para un propósito distinto. Superinteligencia malvada, o supervelocidad para robar, o superfuerza para destruir... Igual que los superhéroes, solo que unos usan sus habilidades para ayudar a las personas y otros solo tienen la mira en sus propios intereses.

🧠 AVALANCHA DE IDEAS

MI VIDEO

Casi todos los preadolescentes de hoy ya cuentan con un teléfono celular o tableta, o tienen alguna forma de acceso a aplicaciones de video y saben cómo hacer un videíto rápido al menos en el teléfono de sus padres.

El reto consiste en que repartirás funciones, habilidades o superpoderes, según la cantidad de participantes que tengas. Para ello harás un sorteo o un juego para que cada uno elija un número, y luego descubrirán qué es lo que deben hacer con ese número. Por ejemplo, quien saca el 5 debe hacer un video haciendo de bombero, y quien saca el 12 debe hacer uno de futbolista. Así que comienza haciendo tu lista de funciones numeradas y luego arréglate para que cada preadolescente elija o saque un número de modo que puedas repartirlas. Las tareas pueden ser profesiones, deportes o poderes.

Claro que puedes simplemente pedirles que cada uno haga algo que le guste y lo suba a la red o aplicación que ellos prefieran, pero con los preadolescentes verás que los más extrovertidos serán rápidos en elegir y otros no sabrán que hacer, así que el sorteo de números y tareas le agrega mayor posibilidad a que todos participen. Luego de tener listos los videos los miraran juntos para conversar entre todos sobre cómo fue su experiencia.

Si tu reunión es virtual la actividad funcionará de la misma manera, solo que deberán conectarse por medio de una aplicación o compartir sus videos en un chat para que todos puedan ver el resultado.

Cierra el momento preguntándoles cómo se sintieron y quién disfrutó más de lo que les tocó.

Este tipo de reto puede ser un gran desafío para algunos, pero les servirá para tomar ímpetu en aportar algo al grupo y les ayudará a reflexionar sobre la necesidad de encontrar cómo ayudar a otros.

📝 FUNDAMENTOS DEL TEMA

Demasiadas personas viven sin saber cuáles son sus dones, talentos y habilidades, y por ese motivo se mantienen sin aportarles a otros las soluciones que ellos podrían traer. El perjuicio es doble, porque privan a otros de su ayuda, y a la vez no le encuentran el gusto a la vida y terminan viviendo vidas sin propósito. ¡Eso no es lo que Dios quiere para nadie, ni lo que tú deseas para tus preadolescentes!

Al hablar de talentos, habilidades y dones, es importante diferenciar estas tres palabras:

- **Talentos:** Son capacidades naturales con las cuales nacemos, y que se fueron desarrollando sin mucho trabajo ni gestión.

    ◊ Ejemplos: cantar, bailar, aprender idiomas, o tener una predisposición para el deporte.

- **Habilidades:** Son destrezas que hemos tenido que desarrollar a través del tiempo y con esfuerzo e intencionalidad.

    ◊ Ejemplos: practicar un deporte específico, hablar en público, tocar un instrumento musical.

- **Dones:** Son cualidades especiales que Dios nos entrega para ser más efectivos en su reino. Si quieres ubicarte en un espacio dentro del ministerio y la obra de Dios, debes encontrar tus dones.

    ◊ Ejemplos: enseñanza, palabra de sabiduría, administración, evangelismo.

TALENTOS

Los talentos tienen que ver con nuestra predisposición genética, es decir que los heredamos de la mezcla familiar de nuestros padres, y la preadolescencia es una etapa fantástica para descubrir talentos.

LA PREADOLESCENCIA ES UNA ETAPA FANTÁSTICA PARA DESCUBRIR TALENTOS

A veces un talento puede estar oculto por años. No sabemos que está allí hasta que probamos algo nuevo, y de pronto la gente se sorprende al ver que tenemos semejante destreza para algo en lo que nunca nos habíamos enfocado antes. Otros salen a la luz temprano porque tienen que ver con algo que apreciaban nuestros padres, pero de todas maneras a los talentos también hay que perfeccionarlos y convertirlos en destrezas específicas, y es entonces cuando pasan a ser también habilidades, pero antes de serlo son más bien innatos.

En cuanto a talentos, hay todo tipo de personas:

- Los que tienen uno o varios talentos pero nunca los practican y por eso nunca alcanzan su potencial.

- Los que tienen un talento y lo practican a diario, tanto que se vuelve su profesión o su forma de vida.

- Los que tienen un talento y lo practican y disfrutan cada vez que pueden, aunque de profesión se dedicarán a otra cosa que les resulta más interesante, pero ese talento siempre estará allí.

- Aquellos que ni se enteran que tienen un talento.

- Aquellos que tienen un talento pero por tener otras necesidades no han podido darle atención.

HABILIDADES

Las habilidades pueden estar basadas en un talento o no. Por ejemplo, podemos llegar a tocar muy bien el piano o jugar muy bien al futbol debido a que hemos aprendido técnicas desde temprano y luego hemos practicado mucho, pero con talento, lo que tenemos es una ventaja (aunque puede ser la excusa para no estudiar demasiado y no convertirlo en la habilidad que podría llegar a ser).

Si el talento está presente, desarrollar la habilidad será más fácil. Si no hay talento, costará más tiempo y esfuerzo, pero no quiere decir que no se podrá lograr. Solo habrá que ponerle muchas ganas. Eso sí, para desarrollar una habilidad en algo, deberá gustarte esa actividad.

También en lo que hace a las habilidades podemos distinguir diferente tipos de personas:

- Aquellos que no intentan buscar nada y por eso permanecen toda su vida sin hacer esfuerzos por mejorar.

- Aquellos a quienes les gusta probar varias cosas y saber un poco de todo, pero no desarrollan ninguna habilidad por temor o vergüenza.

- Aquellos a quienes les gusta tanto una cosa que se dedican a eso toda su vida. Tal vez no tenían el talento y eran menospreciados por eso, pero de tanto luchar consiguieron su anhelo.

- Aquellos que tienen un talento y se esfuerzan por desarrollar su habilidad aprovechando ese talento.

Algo importante para transmitirles a los preadolescentes es que la mejor manera de descubrir los talentos y desarrollar las habilidades es probando. Aquí hay algunas ideas:

- **Deportes:** Puede ser que te guste un deporte y nunca lo hayas practicado, o que ya practiques regularmente alguno. Prueba otros deportes, incluso aquellos que ni te imaginas que podrían gustarte. Pide a tus padres que busquen las opciones, pregunta a tus amigos acerca de esto, o averigua en algún club cercano para ver qué tipo de clases ofrecen. Deberías considerar una gran variedad:

  ◊ Natación u otros deportes acuáticos.

  ◊ Patinaje artístico.

  ◊ Tenis de mesa.

◊   ¡Y tantos otros que casi nunca se consideran!

- **Música:** La mayoría de los preadolescentes y adolescentes muestran algún grado de interés por la música. Esto es muy normal, especialmente en la iglesia, porque siempre se ven músicos yendo de aquí para allá y la música mueve mucho las emociones. En la música hay muchas áreas:

  ◊   Tocar algún instrumento como solista.

  ◊   Tocar en una banda.

  ◊   Cantar.

  ◊   Grabar pistas para otros cantantes.

  ◊   Crear videos musicales.

- **Otras artes:** La música no es la única opción. Existen muchas otras artes que puedes probar. Quizás en alguna descubrirás un don, o te guste tanto que quieras desarrollar la habilidad. Algunas posibilidades son:

  ◊   Anótate en un curso de baile.

  ◊   Prueba dibujar o pintar.

  ◊   Intenta escribir un cuento o un poema.

  ◊   Toma algunas fotografías (¡quizás te enamores de la posibilidad de capturar imágenes!)

  ◊   Inscríbete en un grupo de teatro o drama. ¡A algunos les llena tanto que jamás lo dejan!

  ◊   Anímate a hacer videos (filmarlos y luego editarlos).

- **Habilidades vocales:** Son pocos los que saben hablar bien delante de otros, y este es un talento que se puede descubrir desde temprana edad. ¡Aunque también se puede desarrollar la habilidad sin tener el talento!

  ◊   Piensa en un concurso de declamación.

  ◊   La oratoria es una alternativa también.

- ◊ Puedes empezar a dirigir estudios, o ayudar a tu líder a dirigir una clase.
- **Otras actividades:** Cocinar, hacer cuentas con números y dinero, arreglar cosas, descubrir cómo funcionan los artefactos, recordar cualquier cosa con detalle, el arte de la imitación, la comedia... ¡hay miles de posibilidades allí afuera esperándote!

📖 ILUMÍNATE CON LA VERDAD

Ahora agreguemos a todo esto los dones espirituales...

A continuación te presentamos cuatro pasajes bíblicos que nos hablan sobre los dones. Pídeles a distintos chicos y chicas que vayan leyendo las diferentes porciones. Te recomendamos hacerlo desde la NBV (Nueva Biblia Viva) que tiene un lenguaje muy comprensible para las nuevas generaciones.

- **1 Corintios 12:4-11**

«Ahora bien, Dios nos da muchas clases de dones, pero el Espíritu Santo es la única fuente de esos dones. Hay diferentes maneras de servir a Dios, pero siempre es a un mismo Señor. Hay muchas maneras en que Dios actúa, pero siempre es un mismo Dios el que realiza todas las cosas en nosotros.

El Espíritu Santo le da una manifestación especial a cada uno de nosotros para ayudar a los demás. A unos, Dios les da por medio del Espíritu la capacidad de impartir consejos sabios; otros tienen el don de hablar con mucho conocimiento; y es el mismo Espíritu el que se lo ha dado. A unos les da una fe extraordinaria; a otros, poder para sanar enfermos. A otros les concede el poder de realizar milagros; y a otros el don de profetizar. A unos les da el poder de discernir entre un espíritu malo y el Espíritu de Dios; a otros les concede que puedan hablar en diversas lenguas y aun a otros les da el don de interpretar esas lenguas.

Todo esto lo hace un mismo y único Espíritu, y él da tales dones y determina cuál ha de recibir cada uno».

- **1 Corintios 14:12**

  «Si tanto anhelan tener alguno de los dones del Espíritu Santo, pídanle que les dé los mejores, los que de veras puedan ser útiles a la iglesia en general».

- **Romanos 12:4-8**

  «Así como nuestro cuerpo tiene muchas partes, y cada una desempeña una tarea diferente, así sucede en la iglesia. Somos muchos miembros, pero formamos un solo cuerpo, y entre nosotros hay una dependencia mutua.

  A cada persona, Dios le ha concedido, en su bondad, el don de realizar cierta tarea. Así que si Dios te ha dado el don de profetizar, ejercítalo de acuerdo con la proporción de la fe que posees.

  Si tienes el don de servir a los demás, sirve bien; si eres maestro, sé un buen maestro; si tienes el don de animar a otros, anímalos; si Dios te ha puesto para ayudar a los necesitados, hazlo generosamente; si Dios te ha concedido ser líder, dirige con mucha dedicación; y si tienes el don de mostrar compasión, hazlo con alegría».

- **Efesios 4:11-12**

  «Y a algunos les dio el don de ser apóstoles; a otros, el don de ser profetas; a otros, el de anunciar las buenas nuevas; y a otros, el don de pastorear y educar al pueblo de Dios. Su propósito es que su pueblo esté perfectamente capacitado para servir a los demás, y para ayudar al cuerpo de Cristo a crecer».

Según el tiempo del que dispongas, podrás detenerte más o menos en cada pasaje y dejar que los estudiantes te expliquen lo que leen en cada uno.

Lo importante es que todos estos pasajes nos hablan de una diversidad de dones con los que Dios ha dotado a sus hijos para edificar a la Iglesia, y dejan en claro que:

- El Espíritu Santo los entrega, y esa es su voluntad soberana.

- Podemos pedir que se nos entreguen dones, pero sigue siendo facultad del Espíritu Santo saber a quién da cada uno de ellos.

- Los dones sirven para ayudar a la gente a madurar en el conocimiento de Cristo.

- Existe una variedad de dones porque todos nos necesitamos los unos a los otros.

- A los dones podemos agregarles voluntad y mezclarlos con nuestros talentos para el servicio.

De hecho, un buen texto de conclusión es el siguiente, ya que deja en claro que sean dones, talentos o habilidades, debemos usarlos en el nombre del Señor y para llevarles soluciones a otras personas:

- **Colosenses 3:17**

  «Y todo lo que hagan o digan, háganlo en el nombre del Señor Jesús, y por medio de él acérquense a la presencia de Dios con acción de gracias».

REFLEXIÓN PERSONAL

En e625.com creemos que las nuevas generaciones ya están listas para el servicio, porque ellos no son vasos que se llenan sino fuegos que se encienden. Por eso es vital que con esta lección nuestros preadolescentes internalicen la idea de que ellos tienen talentos que pueden convertir en habilidades, y que pueden contar con que Dios les dará dones cuando los pongan al servicio de la Iglesia.

El sentirnos útiles nace de ayudar a otras personas con sus necesidades. Es decir, de ser parte de la solución que alguien necesita. Pero para hacerlo bien es fundamental conocernos a nosotros mismos.

Comparte con tus preadolescentes las siguientes preguntas:

1. ¿Cuáles son algunas de tus fortalezas?

2. ¿Cuál crees sería una manera descubrir alguno de los talentos que tienes?

3. Hay ciertas habilidades que familiares y amigos posiblemente han destacado de ti, como el dibujar bien, el ser ordenado, entonar, moverte con agilidad, el ser observador/a, etc. ¿Cuáles son?

4. ¿Qué cosas nuevas, que nunca antes hayas hecho, te gustaría probar hacer?

5. ¿Qué te detiene, te da miedo, o te frena de probar cosas nuevas?

 # MEDITA EN UN PERSONAJE

SPIDERMAN

No es necesario presentar a Peter Parker, aquel joven que, luego de ser mordido por una araña genéticamente modificada, adquiere capacidades inusuales. Él es capaz de trepar por los techos y paredes, dar saltos asombrosamente largos, lanzar cuerdas para balancearse entre los edificios, presentir el peligro, y levantar mucho más peso del que un humano podría levantar.

Antes de su incidente con la araña, Peter era un muchacho muy inseguro. Tanto que era incapaz de hablarle de frente a Mary Jane, la chica que llamaba su atención. No era muy bueno para hacer amigos, y aunque parecía irle bien en sus estudios, Peter se consideraba demasiado torpe para desenvolverse bien en cualquier área de la vida.

Cuando a Peter Parker le ocurre este cambio tan dramático, se ve confrontado con su propia realidad. ¿Qué hará con semejantes poderes?

¿Buscará al asesino de su tío? ¿Se dedicará a divertirse y disfrutar de la vida como nunca antes? ¿Podrá al fin conquistar alguna chica?

Peter en realidad era bueno para otras cosas... Él se había convertido en fotógrafo para ganarse la vida, y había sido contratado por el mejor periódico de la ciudad. Era buen estudiante, y de hecho era sobresaliente en el área de química y tenía grandes dotes de científico (hasta tenía sus propios inventos en casa, según algunas de las adaptaciones de los comics). Sin embargo, a pesar de tener tantas cualidades especiales, Peter tuvo que esperar a tener poderes sobrehumanos para convencerse de que tenía algo bueno que ofrecerle al mundo.

¡Descubrir que eres bueno en algo te puede catapultar a lugares inimaginables! Tan solo debes lograr ver lo que probablemente otros ya ven en ti. Peter Parker se dio cuenta de eso demasiado tarde.

PREGUNTAS PARA LOS DISCÍPULOS:

- ¿Qué harías si tuvieras los poderes de Spiderman?

- ¿Qué talento tienes que los demás parecieran no ver y te gustaría que lo notaran?

- Es posible que tengas algún talento que tú no ves pero otros sí notan. Habla con los adultos que más te conocen y con tus amigos más íntimos, piensa en sus talentos y habilidades, luego diles cuáles crees tú qué ellos tienen y pregúntales cuáles ven ellos en ti.

JOSÉ

De seguro todos conocen la historia de José. Apenas a los diecisiete años tuvo aquel sueño del que interpretó que sus hermanos se postrarían ante él. ¡Eso sacaría de sus casillas a cualquiera! Además, José era un muchacho, pero ya se había convertido en un soplón, pues siempre iba con el chisme de las cosas malas que sus hermanos hacían. Es lógico que se haya ganado la enemistad de ellos, aunque tal vez no haya imaginado que su ira llegaría al punto de provocarles a cometer ese acto tan bajo de venderlo como esclavo a unos mercaderes madianitas que pasaban por el lugar.

Los días más duros para José fueron en su adolescencia y juventud. Pasó mucho tiempo dentro de frías celdas. Pero fue allí justamente cuando pudo evidenciar uno de sus talentos escondidos. Él mismo no sabía que tenía esa capacidad de interpretar sueños. Lo que había vivido años antes con aquellos sueños donde sus hermanos se postraban ante él, era solo una muestra pequeña de todo lo que Dios podría hacer con José a través de ese don. Más adelante, fue un sueño el que lo liberó de la cárcel para ponerlo en el lugar de mayor autoridad en Egipto después del Faraón. ¡Y José resultó ser quizás el mejor administrador que había tenido el imperio por mucho tiempo!

Pero... ¿cómo es eso de administrador? Bueno, ese fue otro descubrimiento. Mientras estaba preso, José halló gracia delante del carcelero, y fue puesto a cargo de todos los presos y de todos los trabajos que allí se hacían.

Finalmente, su talento para la administración de recursos, y su don espiritual de interpretar sueños, no solo le ayudaron a José a salir de la cárcel, sino a convertirse en el salvador de su propio pueblo cuando llegó la época de hambruna.

PREGUNTAS PARA LOS DISCÍPULOS:

- ¿Qué relación pueden tener las pruebas que atravesamos con el descubrimiento de nuestros talentos y habilidades?

ACCIONES CONCRETAS

Para cerrar esta lección realiza una serie de juegos en los que tus preadolescentes puedan practicar diferentes roles. Ve a https://e625.com/juegos/ y revisa qué juegos se adaptan mejor a tu situación según la cantidad de chicos que tengas y el espacio con el que cuentes.

Escoge juegos que tengan que ver con desafíos, estrategia, que haya un líder, que tengan que actuar, cantar, hablar, o simplemente dar órdenes y organizar. ¡Jugar es una de las maneras con las que mejor podemos descubrir talentos o inclinaciones naturales!

Si puedes crear un día completo o un campamento lleno de juegos y actividades con propósito, esto ayudará a que tus chicos y chicas se conozcan más entre ellos, y también a que tú puedas conocerlos y ayudarlos a desarrollarse.

Para la semana que sigue, ayúdales a:

- Identificar alguien de la familia a quien puedan servir con una acción concreta.

- Elegir un área de servicio en la iglesia o en su comunidad local en la que puedan ejercer su talento, habilidad o don.

Aun si todavía no tienen descubiertos todos sus talentos y dones, lo cual es normal en esta etapa, una excelente manera de ayudarlos a descubrir su llamado y propósito es creando espacios y oportunidades de servicio en la iglesia y la comunidad.

RELACIONES VALIOSAS

«La historia que encontramos en la Biblia es la de un ser que ama y sigue amando aun cuando no es correspondido».

Itiel Arroyo (*La prueba del amor*)

Una de las películas más exitosas con preadolescentes de todos los tiempos es *Stand by Me (Quédate conmigo)*, del director Rob Reiner. La trama gira en torno a un grupo de preadolescentes de 12 años que se enteran de que un extraño fue asesinado accidentalmente cerca de sus hogares rurales, y deciden ir a ver el cuerpo. En el camino se encuentran con un hombre malo en medio de un pantano peligroso y la aventura sirve para que ellos se conozcan mejor y formen una amistad para siempre. La película (y la historia de Stephen King en la que se basa) tiene lugar en una coyuntura con la que todos estamos íntimamente familiarizados, donde los últimos días de ingenuidad comienzan a dar paso a las verdades del mundo adulto, y refleja cómo las amistades juegan un rol fundamental en la aventura de convertirnos en quienes somos en esa transición tan interesante que es la preadolescencia.

AVALANCHA DE IDEAS

Puedes mostrar algún clip de la película *Stand by Me* y luego escribir la siguiente lista en papeles separados:

- Papá

- Mamá
- Abuelos
- Hermanos mayores
- Hermanos menores
- Tíos y tías
- Primos
- Mejor amigo o amiga
- El resto de mis amigos
- Compañeros de estudios
- Vecinos y gente del barrio
- Amigos de las redes
- Amigos de la iglesia
- Líderes y mentores cercanos

Coloca todos los papeles desordenados sobre una mesa, o usa cinta adhesiva detrás para pegarlos en un pizarrón. Si estás en una reunión virtual, haz que las palabras aparezcan en la pantalla. Luego pídele al grupo que ordene a estas personas según su importancia, pero que lo haga de manera grupal, es decir, no que cada uno diga su orden, sino que hablen entre ellos y argumenten hasta que haya consenso, mientras tú los miras.

Lo ideal es que esta actividad se lleve a cabo en un grupo pequeño de discipulado. Cuanta menos gente sea, mejor. Un buen número puede ser hasta ocho personas. Si tienes más que eso, podrías hacer dos grupos preparando el doble de papeles.

Si terminan pronto y están de acuerdo, puedes cambiar las reglas. Diles que se conviertan en niños y decidan nuevamente qué orden le asignarían a cada persona desde esa óptica. Finalmente, que hagan lo mismo pero intentando ponerse en el lugar de una persona mayor que ellos (de unos 30 años puede ser).

AHORA AYÚDALOS A SEGUIR REFLEXIONANDO:

- ¿Qué cambios ocurrieron en cada caso al cambiar de óptica?

- ¿En qué etapa son más importantes los amigos y por qué?

- ¿Cuáles relaciones son menos comunes pero muy importantes?

Nota: Si tu reunión es virtual, desordena esa lista de antemano para que puedas pasarles a los participantes la lista completa en desorden. O puedes pedirles que tengan una hoja de papel a mano y tú les dictas los nombres pero mezclados. De esa manera, ellos recibirán todo desordenado y deberán ordenarlo en su casa. Luego sigue la actividad como estaba planeada.

 FUNDAMENTOS DEL TEMA

En la etapa de la preadolescencia los chicos y chicas necesitan aprender a construir relaciones sabiamente, y saber qué valor le van a asignar conscientemente a cada una.

Cada relación es como un edificio que se construye tan alto como uno quiera. Sin embargo, para seguir construyendo, a veces tenemos que quitar los escombros que han quedado a raíz de incidentes ocurridos dentro de esa relación. Todos atravesamos conflictos, desilusiones, y traiciones y si somos sinceros, nosotros somos tan responsables de esos males como los otros. El punto es que entre gente imperfecta las relaciones nunca son perfectas, pero esa no es excusa para no ser intencionales en trabajarlas, y la idea es que los preadolescentes puedan justamente comenzar a hacer eso. Todos necesitamos respaldo, aprecio y confidencia, y todos podemos darlos.

> **ENTRE GENTE IMPERFECTA LAS RELACIONES NUNCA SON PERFECTAS, PERO ESA NO ES EXCUSA PARA NO SER INTENCIONALES EN TRABAJARLAS**

A medida que entran en esta etapa, los preadolescentes descubren el poder de ese deseo innato que tienen todos los seres humanos: el deseo de que se los mire y se los escuche, se los descubra y se los afirme por lo que son como individuos. Hay una búsqueda incesante desde la preadolescencia, y gira alrededor de todos esos puntos. En esa exploración, ellos están diciendo varias cosas que apuntan a su necesidad interna y de identidad.

El ser interior de los preadolescentes continuamente está gritando:

¡Necesito que me conozcas y me valores!

¡Necesito que me escuches y me entiendas!

¡Necesito que sepas quién soy y por qué actúo así!

¡Necesito que no me compares!

¡Necesito que te tomes el tiempo para ver mi interior!

De eso se tratan las relaciones. En medio de ellas, y a través de ellas, los preadolescentes están buscando todas estas cosas.

Así, poco a poco, el preadolescente va tejiendo una red relacional. Nosotros los adultos, los padres, los líderes, los discipuladores, necesitamos ser lo suficientemente sabios en la forma en que les ayudamos a construir su red de relaciones, sobre todo enseñándoles principios para que ellos mismos las puedan cuidar cuando nosotros no estemos.

Un grave error de los padres, por ejemplo, sería conformarse con llevar el sustento al hogar y dedicarse el resto del tiempo a sus propios asuntos, en lugar de ser intencionales en establecer una relación sana y firme con sus hijos mientras van creciendo. Si esto es lo común en la infancia, es muy probable que los pierdan cuando llegue la adolescencia, y entonces será cuesta arriba el intentar recuperar el tiempo perdido.

Para los líderes y discipuladores el reto es similar. Si solamente nos enfocamos en hacer reuniones y no desarrollamos una relación con nuestros discípulos, su vida espiritual puede girar en torno a la reunión, pero ellos terminarán cumpliendo un requisito de asistencia y haciendo su vida real con aquellos con quienes consideran tener una relación más valiosa. Si ellos no logran vernos como confidentes, consejeros, mentores y hermanos mayores, entonces estarán demasiado lejos como para que seamos también modelos y una influencia positiva en sus vidas.

LA BIBLIA ES UN LIBRO RELACIONAL

Si la relación en casa está rota, y el círculo de influencia espiritual es lejano, la mayor interacción e influencia sobre los preadolescentes la ejercerán los amigos, y ellos seguramente serán chicos y chicas con características similares. La iglesia por mucho tiempo ha sufrido de este mal. Al no haber podido profundizar la relación con sus miembros más jóvenes, es más probable que ellos se pierdan a que se mantengan firmes en la fe. La misma experiencia sucede en la familia, donde los padres no saben qué hacer con sus hijos preadolescentes y poco a poco se van desconectando de ellos cada vez más.

El pastor Héctor Hermosillo escribe en el libro *Pastorea a tu hijo adolescente*: *«El mejor maestro del mundo estableció y modeló Él mismo lo que, después de mucha investigación, los educadores han reconocido como el vehículo ideal para transmitir cualquier conocimiento: EL AMOR».*

📖 ILUMÍNATE CON LA VERDAD

La Biblia es un libro relacional. Lee junto a tus preadolescentes:

«Hay amigos que nos llevan a la ruina, pero hay amigos más fieles que un hermano». **Proverbios 18:24**

Este versículo nos muestra dos extremos de lo que puede ser una amistad. Hay ciertas amistades que en un momento de la vida pueden ser tóxicas. Por uno u otro motivo pueden producir dolores de cabeza y malas decisiones. Por el otro lado, hay amigos con quienes podemos contar de forma incondicional; sabemos que podemos confiar en ellos por su fidelidad y transparencia con nosotros.

Esto nos hace ver la necesidad de saber escoger bien nuestras amistades.

¿Significa que, si tienes amistades tóxicas, debes alejarte de ellas?

Es probable que sí, al menos durante una etapa determinada (como la preadolescencia) o quizás en periodos específicos (como un año escolar, o incluso un campamento o un evento). Si la amistad con una persona es sinónimo de malas decisiones, entonces tu mejor decisión para con esa persona será separarte de ella.

Mira estos otros versos:

> *«El consejo sincero de un amigo endulza el alma, como el perfume y el incienso alegran el corazón. No abandones a tu amigo ni al amigo de tu padre. No vayas a la casa de tu hermano cuando necesites ayuda. Más vale vecino cerca que hermano lejos».*
> **Proverbios 27:9–10**

Este pasaje es poderoso porque junta varias nociones respecto de la amistad. Por un lado, describe la satisfacción personal que produce el tener un amigo en quien confiar y a quien pedirle consejo. Luego menciona la urgencia de ser fieles para no abandonar a un amigo, ¡ni siquiera al amigo de nuestro padre! Esto nos habla de la profunda valoración que debemos darle a la amistad, pero también a la familia. Finalmente, compara la amistad con la hermandad, y toca el tema de la gente que está cerca de nosotros, como un vecino, que a veces puede volverse tan unido como un hermano si sabemos que podemos contar con esa persona siempre. ¡Al analizar todos estos puntos, es fácil entender lo importante que es para un discípulo escoger bien a sus amigos y a la gente que lo rodea!

Este otro habla acerca de los compañeros de milicia:

«Tengo muchos deseos de verlos para compartir con ustedes algún don espiritual que los ayude a crecer fuertes en el Señor. Con esto quiero decirles que no sólo deseo comunicarles mi fe, sino también alentarme yo mismo con la de ustedes. Así nos seremos de mutua bendición».
Romanos 1:11-12

Aquí Pablo está hablándole a la iglesia de Roma, destacando la bendición que es sentirnos alentados los unos por los otros. Es muy importante tener buenos amigos que nos acompañen en nuestro proceso como discípulos. De ellos recibiremos una impartición del Espíritu de Dios, y además nos alimentaremos de lo que Dios les ha hablado. Debemos también ser recíprocos con ellos y respaldarlos, orar por ellos, acompañarlos cuando estén pasando situaciones difíciles, y no dejarlos solos. ¡Ellos son otra clase importante de amigos!

Ahora hablemos la relación con nuestros padres. Esta relación se basa en la honra:

«...honra a tu padre y a tu madre, y ama a tu prójimo con la misma sinceridad con que te amas a ti mismo».
Mateo 19:19

Jesús, hablando con el joven rico, le responde varias cosas con respecto a la intención del cumplimiento de la ley. Entre esas cosas, Jesús menciona dos aspectos importantes referidos a las relaciones con las personas que tenemos cerca. Por un lado, habla de honrar a los padres. Este era un principio transmitido de generación en generación desde tiempos muy antiguos. Era parte de su cultura, de su estilo de vida. No había forma de pensar en vivir una vida que deshonrara a los padres. ¡El ideal de Dios es que tengamos una relación muy cercana con ellos!

Jesús habló también de amar al prójimo, al que está cerca, al amigo, y ratificó la misma condición: debemos hacerlo con la misma sinceridad con la que nos amamos a nosotros mismos. Las palabras de Jesús eran poderosas, no porque tenían revelaciones rebuscadas, sino porque Él hablaba verdades de la vida.

¿Cómo te llegan a ti estos pasajes de la Escritura? ¿Qué áreas de tu vida sientes que deberías cambiar luego de leerlos?

Guía a cada chico y chica de tu grupo a evaluar su vida a la luz de la Palabra de Dios. Pídeles que cada uno reflexione sobre cuán buen amigo es, qué tan buen hermano es, etc.

REFLEXIÓN PERSONAL

Un buen proceso para establecer relaciones sanas gira en torno a estas cuatro ideas:

1. **Cero hipocresía.** Uno de los mejores atributos que una persona puede aportar a una relación para que esta sea sana es la integridad. La integridad se relaciona de cerca con la honestidad, la franqueza, el deseo de ser genuinos y el actuar sin hipocresía. Una relación que se llena de mentiras, falsedad, engaños y sospechas, no puede construirse de forma sana.

2. **Mostrar empatía.** Esa idea de ponerse en los zapatos del otro para poder comprenderle no la inventó ningún filósofo. La inventó Dios, y se llama misericordia. Es la facultad de dolerse con el dolor del otro, de ayudarle a llevar sus cargas, de sufrir juntos, y de alegrarse con sus éxitos. ¡Es lindo tener alguien así caminando cerca nuestro!

3. **Desarrollar familiaridad.** Cuán cercana consideramos a una persona tiene que ver con el tiempo que hemos invertido en estar juntos. Tiempo en cantidad y de calidad también. No se trata de ir a vivir con alguien, o de pasarnos en su casa todo el día y hasta dormir allí (¡aunque a veces sucede!), pero sí tiene que ver con aprovechar los momentos valiosos que la vida ofrece para compartirlos con alguien más.

4. **Establecer vínculos.** Cuando una relación se edifica bien, sin hipocresía, mostrando empatía, y desarrollando familiaridad, llega el momento de establecer vínculos. Con esto nos referimos a encontrar aquellas cosas

por las cuales te unes de manera más personal y cercana con la otra persona.

Comparte con el grupo estas ideas y luego da comienzo la etapa de preguntas... ¡esa es la mejor parte!

- ¿Cuáles de estas condiciones ya cumplen tus amigos?

- Piensa en relaciones que has tenido en el pasado y que se han roto. ¿Cuál de estos principios fue quebrantado?

- ¿Has valorado estos puntos a la hora de elegir amigos en el pasado? ¿Cuáles sí, y cuáles no? ¿Cómo resultaron esas relaciones?

- ¿Qué tal con tu familia? ¿Hay vínculos fuertes? ¿Se ha colado la hipocresía? ¿Qué tal la empatía y la familiaridad? ¿Cómo describirías tu relación con tus padres?

# MEDITA EN UN PERSONAJE

LOS POLINESIOS

En los últimos años han surgido muchos *youtubers* que se hicieron famosos por sus videos, y uno de ellos han sido los Polinesios. Millones de chicos y chicas de todo el mundo de habla hispana los han seguido desde que abrieron su primer canal, y no se pierden ni un video de los que publican semana tras semana. Los Polinesios tienen millones y millones de seguidores en YouTube, y se ganaron un espacio de atención muy interesante.

Son tres hermanos. Rafael es el mayor, y el líder del grupo. Ana Karen, la segunda, y Lesslie Yahid, la menor de todos. Cuentan en total con cinco canales de YouTube. «Plática Polinesia», el canal de bromas jocosas que entretienen a niños y adultos. «Los Polinesios», un canal donde hablan de sus viajes y otras actividades personales. «Extra Polinesios», con divertidos retos para reírse un rato. «Musas», donde hacen tutoriales de belleza, moda, maquillaje, cocina y cosas similares. Y «Juxiis», un canal interactivo para *gamers*, la gente que ama los videojuegos. Con estos canales han ganado ya varios premios, y con sus locuras definitivamente han conquistado a las nuevas generaciones.

Ya van en esto una década entera y, para lograr algo así, ¡vale la pena llevarse bien! Los Polinesios no podrían haber llegado tan lejos si su relación no fuera buena. Como hermanos, se puede ver que llevan una relación sana, y con todo lo que han logrado, se merecen un elogio.

PREGUNTAS PARA LOS DISCÍPULOS:

- ¿Tienes hermanos? ¿Cómo es tu relación con ellos?

- ¿Si no tienes hermanos, te hubiera gustado tenerlos? ¿Por qué sí, o por qué no?

- ¿Te hubiera gustado, o te gustaría, tener una amistad con tus hermanos como la de los Polinesios? ¿Cómo crees que lo consiguieron ellos?

DAVID Y JONATÁN

La Biblia registra la relación de amistad que había entre Jonatán, el hijo de Saúl, y David, el rey que había sido ungido para tomar el trono dentro de poco tiempo. Saúl se había puesto incómodo con David. Cuando la gente aclamaba al joven guerrero, al rey le daban ganas de ahorcarlo. Lentamente, su incomodidad se convirtió en celos desmedidos, y más tarde inició una persecución terrible en contra de quien, pensaba, era un adversario contumaz que quería quitarle el trono.

David construyó una valiosa amistad con Jonatán, el hijo de Saúl. Jonatán se convirtió en alguien muy importante para su vida, y eso fue clave en ese momento, pues el conflicto no fue pasajero, sino que llegó a convertirse en una especie de guerra civil, con unos apoyando a David, y otros (especialmente el ejército real) a Saúl. Para ese entonces, Jonatán se comprometió a ser el informante de David para así protegerlo de su padre.

¡Qué difícil situación! Imagina cuán fuerte era su amistad, que Jonatán prefirió ponerse en contra de su padre, el rey, para estar del lado de su amigo. David, de igual forma, tuvo que confiar en Jonatán aunque era el hijo de su perseguidor, y pudo hacerlo pues confiaba en la amistad que ambos habían construido.

PREGUNTAS PARA LOS DISCÍPULOS:

- ¿Tienes amigos así? ¿Te gustaría tenerlos?

- ¿Cómo crees que llegaron David y Jonatán a tener una relación de tanta confianza?

ACCIONES CONCRETAS

Para cerrar esta lección, vuelve a la lista de relaciones y prioridades que armaron al principio, ya que es un buen momento para repasar un orden ideal de prioridades. Luego guíalos con estas preguntas:

¿Qué puedes hacer esta semana para mejorar tu relación con papá y mamá?

¿Qué puedes hacer esta semana por algunos amigos especiales?

Déjalos dar algunas ideas y luego entrégales una tarjeta que diga «Mi compromiso para esta semana es...» y que idealmente tenga al menos dos puntos marcados para que escriban lo que van a hacer. El hecho de que escriban las respuestas a las preguntas sobre qué van a hacer con sus padres y amigos esta semana será poderoso para que las buenas intenciones no se queden solamente en deseos.

A la semana siguiente no te olvides preguntarles a algunos cómo les fue, y anima a quien te cuente un buen testimonio a contárselos a todos para que la lección no se disipe sino que le vean una continuidad tangible en sus vidas.

LECCIÓN 9

VERDAD O CONSECUENCIA

*«Admitir que somos vulnerables a las tentaciones
nos protege de ellas».*
Lucas Leys (*Diferente*)

«Verdad o consecuencia», también llamado «Verdad o desafío», «Verdad o castigo» y «Verdad o reto» según el país (¡es curioso cómo llamamos de distintas maneras a lo mismo en los distintos países de habla hispana!), es un juego en el cual los participantes eligen entre responder con sinceridad una pregunta, por lo general muy personal, o cumplir un desafío estipulado en ese momento. El juego es muy popular entre los adolescentes alrededor del mundo, y es posible que algunos de tus preadolescentes hayan escuchado del juego pero todavía nunca lo hayan jugado.

El juego es algo ingenuo, porque nadie sabe en realidad si la persona está diciendo la verdad o no, pero lo que les queda claro a todos los que hayan jugado alguna vez es que ya sea que elijan una u otra opción, siempre habrá consecuencias... así como sucede con las decisiones de la vida.

🧠 AVALANCHA DE IDEAS

Puedes obviamente comenzar esta lección jugando una versión corta de «Verdad o consecuencia» y/o también jugando este otro juego que llamaremos: «¡CUIDADO!»

INSTRUCCIONES:

Trae vendas y elige de entre tu grupo de discípulos a dos voluntarios para vendar sus ojos. No olvides dar instrucciones precisas para que nada se salga de control.

Vas a dividir el grupo en dos: los «Cuidado» y los «Adelante». Ahora tienes el «Voluntario 1», el «Voluntario 2», el grupo de los «Cuidado» y el grupo de los «Adelante».

El grupo de los «Cuidado» deberá dar mensajes de alerta al voluntario, quien deberá atravesar una serie de obstáculos preparados previamente. «¡No vayas por ahí!», «¡Espera!», «¡Te estrellarás!», y cosas por el estilo, son ejemplos de advertencias que pueden darle para que el voluntario que camina vendado no tropiece ni se haga daño.

El grupo de los «Adelante» deberá dar mensajes con instrucciones sobre la dirección que el participante debe tomar. «Arriba», «Abajo», «Derecha», «Izquierda», «Más lento», «Baja», «Sube», etc., son instrucciones específicas que pueden darle para ayudar al voluntario a llegar a su destino.

Ahora, ¡a jugar!

- **Paso 1:** Vendas los ojos del «Voluntario 1».

- **Paso 2:** Envías al grupo de los «Cuidado» a poner obstáculos en el camino. Pueden ser sillas acostadas, pelotas, cosas grandes o chicas, todo lo que tengan al alcance para evitar que el voluntario llegue a su destino.

- **Paso 3:** Colocas a los «Cuidado» de un lado del camino, y a los «Adelante» del otro lado.

- **Paso 4:** Le indicas al «Voluntario 1» que comience el recorrido a la cuenta de 3. Dale un límite de tiempo de 1 minuto para llegar a su destino.

El voluntario deberá aprender a escuchar la voz de aquellos que le dan buenas instrucciones, pero también a escuchar a los que le dan alertas. ¡Serán muchas voces al mismo tiempo, así que sonará a una locura!

Luego repite la historia con el «Voluntario 2» haciendo algunas variaciones. Puedes decirles, por ejemplo, que ahora se cambian los papeles y los «Cuidado» sean los «Adelante», y viceversa. O, si quieres hacerlo más interesante, puedes pedirle a uno de los «Cuidado» o de los «Adelante» que griten instrucciones falsas para confundir o aturdir al voluntario. (Pero quédate cerca para impedir que se lastime por culpa de estas instrucciones equivocadas).

Al final de la actividad, no olvides preguntar a todos cuál fue su experiencia. Tanto a los que dieron instrucciones y alertas, como a los voluntarios. Eso enriquecerá el tema del que vamos a hablar.

EL EVANGELIO DEL REINO DE LOS CIELOS QUE CRISTO PREDICÓ Y VIVIÓ ES EXACTAMENTE LO OPUESTO A LO QUE COMÚNMENTE BUSCA EL MUNDO

Nota: Si tu reunión es virtual puedes ayudarlos a imaginar la situación explicando la actividad y preguntándoles qué creen que pasaría. O puedes directamente cambiar de actividad creando una historia corta en donde el protagonista necesite cumplir ciertos retos y el grupo deba decidir si le dice: «Cuidado» o «Adelante». Te ponemos un ejemplo:

Jorge va a cruzar la calle. ¿Cuidado o Adelante?

Cruzó la calle y por suerte no hubo ningún vehículo pasando.

Pero un ciclista va pasando muy de cerca. ¿Cuidado o Adelante?

El ciclista pasa junto a Jorge y solo le da un buen susto.

Se encuentra un panecillo en el suelo y se lo quiere comer. ¿Cuidado o Adelante?

Se lo come porque tenía mucha hambre. Claro que se enferma...

Puedes crear toda una historia y dejar que tus preadolescentes decidan. El efecto será el mismo que el de la actividad presencial.

📝 FUNDAMENTOS DEL TEMA

Una de las cosas que más hace falta en el trabajo con las nuevas generaciones es instrucción sana para llevarlos hacia la madurez, y si hay algo que refleja madurez es medir las consecuencias de lo que hacemos y lo que decimos. Llegará un día en el que tus preadolescentes tendrán que tomar decisiones importantes que definirán su vida, y es bueno que vayan pensando en el tema para decidir correctamente y en confianza y seguridad.

Por eso, todos los discipuladores que trabajamos con esta edad estamos llamados a encontrar las mejores maneras para ofrecerles a nuestros preadolescentes todas las herramientas que ellos necesiten para tomar decisiones sabias, ahora y en el futuro. Para ello es bueno analizar el tema de las decisiones desde distintas perspectivas, y aquí hay algunas:

EN LO CONCERNIENTE AL CUERPO:

La parte más evidente de nuestra existencia es la dimensión física, y comenzar a tomar decisiones con respecto a nuestro cuerpo es un buen punto de partida, particularmente en la preadolescencia cuando para crecer según nuestro potencial es vital tener buenos hábitos para el cuidado de nuestro cuerpo.

HÁBITOS SALUDABLES:

- **Alimentación sana.** Hasta hace poco comías lo que había, o comida de niños, pero a medida que crecemos todos debemos aprender que es responsabilidad de cada persona decidir lo que come y lo que no come. Una buena alimentación evitará enfermedades, y además te dará fortaleza para cumplir los planes de Dios para tu vida.

- **Realizar actividad física.** Si ya te gusta un deporte, genial, entonces sabes lo gratificante que es poder poner a funcionar tu cuerpo al máximo. Si no te gusta tanto el deporte, eso está bien, pero debes tener en cuenta que tu cuerpo necesita actividad física regular, y tú debes aprender a dársela.

- **Higiene personal.** Quizás hasta ahora esto era iniciativa de tus padres, pero llegó el momento de que sea la tuya porque la higiene también tiene consecuencias. Bañarse con frecuencia, cepillarse los dientes, lavarse las manos y usar ropa limpia no son solo hábitos de cortesía con otros, sino también con nosotros mismos.

- **Descanso intencional.** Aunque cada familia tenga sus ritmos, es bueno que sepas que no tener rutinas de sueño perjudica tu funcionamiento. Dormir ocho horas es fundamental para el cuerpo de todos, y resistirte a irte a dormir cuando es tiempo de hacerlo es cosa de niños.

PELIGROS PARA EL CUERPO:

- **Vicios.** El tabaco, el alcohol, las diferentes drogas que existen, es obvio que van a afectar negativamente tu cuerpo y también perjudicarán tu mente y tus emociones.

- **Riesgos innecesarios.** No abrigarse cuando hace frío o no tomar suficiente agua son riesgos innecesarios que también tienen consecuencias, y no protegerse con casco cuando es necesario en un deporte o juego, o con cinturón de seguridad en el automóvil son tonterías evitables.

EN LO CONCERNIENTE AL ALMA:

Dentro del alma podemos encuadrar los sentimientos, las emociones, la voluntad, la inteligencia, y los pensamientos. Es necesario aprender a ser mayordomos sabios de aquello que Dios nos ha dado, y eso también incluye el alma.

HÁBITOS SALUDABLES.

- **Cultiva tu mente.** No dejes nunca de leer, en primer lugar, la Palabra de Dios, pero también otro tipo de lecturas. Una persona que lee es una persona que madura y crece.

- **Aprende a gestionar tus emociones.** Es bueno que puedas trabajar de cerca con tu discipulador para aprender buenas maneras para enfrentar los cambios emocionales y las situaciones difíciles.

- **Practica el perdón.** Una persona que no ha aprendido a perdonar, lastimará su corazón cada vez más. El perdón es un principio que te ayudará a mantener tu alma sana de toda amargura.

- **Ama y vuelve a amar.** A Dios sobre todas las cosas, y al prójimo como a ti mismo. No hay nada que pueda cuidar mejor tu alma, tus emociones y tu mente que el aprender el verdadero sentido de amar a Dios y a los demás.

PELIGROS PARA EL ALMA.

- **Relaciones sentimentales precoces.** Dios diseñó todo con su infinita sabiduría para que suceda en el tiempo para el cual fue diseñado. Por ejemplo, no puedes correr si aún no has aprendido a caminar. Las relaciones sentimentales fueron diseñadas para un tiempo y una edad específicos. No adelantes las cosas ni pongas tus emociones en riesgo.

- **Mirar cosas inadecuadas.** La Internet está llena de cosas que pueden afectar la mente de toda persona. Los padres y discipuladores no podrán estar presentes todo el tiempo para decirte lo que puedes ver y lo que no, así que tú deberás aprender a cuidarte aun cuando no haya nadie vigilándote.

EN LO CONCERNIENTE AL ESPÍRITU:

Esta no es la última de todas, sino la más importante. Saber cuidar nuestro espíritu es crucial para todo discípulo. Del cuidado de nuestro espíritu nace una relación más íntima con el Eterno.

HÁBITOS SALUDABLES.

- **Ora constantemente.** No se puede ser un discípulo de Jesús sin tener la oración como un hábito constante.

- **Adora en todo tiempo.** No solo con la música, sino con todas las artes. Escribiendo, dibujando, cantando, orando, ofrendando, obedeciendo a Dios... Hay muchas formas de mostrarle nuestra adoración.

- **Lee y estudia la Palabra de Dios.** No hay otra clase de alimento para nuestro espíritu, solamente la Biblia. Y no hay forma de fortalecer nuestra fe si no estamos en contacto constante con la Palabra de Dios. ¡Por eso los discípulos usamos la Biblia todo el tiempo!

- **Rinde cuentas de tus acciones.** Si tienes alguien a quien contarle acerca de tus luchas va a ser más fácil manejarlas, mientras que si decides caminar solo no tendrás a nadie que te levante cuando hayas caído.

PELIGROS PARA NUESTRO ESPÍRITU.

- **Involucrarte en cosas oscuras.** Desde la niñez, la oscuridad atrae a los pequeños para llevarlos a prácticas contrarias a la fe. Ten cuidado con aquellos juegos que te incitan a abrir la dimensión espiritual, o con personas que practiquen estas cosas.

- **Dejar que el pecado enfríe tu relación con Dios.** La Escritura dice que el Espíritu de Dios se entristece dentro de nosotros cuando pecamos. Si el pecado se vuelve una práctica constante, iremos apagando cada vez más la voz de Dios en nuestra vida.

📖 ILUMÍNATE CON LA VERDAD

Analicemos con ellos algunos textos que necesitamos sembrar en los preadolescentes para crear buenos hábitos basados en la Palabra de Dios...

CUIDADO DEL CUERPO

«Por eso, precisamente, les digo que huyan de los pecados sexuales. Ningún otro tipo de pecado afecta al cuerpo como este. Cuando uno comete esos pecados, peca contra su propio cuerpo. ¿No saben que el cuerpo es templo del Espíritu Santo, que Dios les dio, y que el Espíritu habita en ustedes? Ustedes no son sus propios dueños, porque Dios nos compró a gran precio. Por tanto, honren con su cuerpo a Dios».
1 Corintios 6:18-20

Pablo instruye sobre muchas cosas a la Iglesia de Corinto, y una de ellas es cuidarse de la inmoralidad sexual. Esto no es cosa leve, y aunque el mundo nos haga sentir que es normal, no es así. Demasiadas cosas malas están involucradas con la inmoralidad sexual: enfermedades, violaciones y todo tipo de abusos, confusiones en la orientación sexual, divorcios, y muchas más. Y aunque el área sexual es el tema principal en este pasaje, también nos puede ayudar a establecer buenos parámetros en el cuidado de nuestro cuerpo en general.

Analicemos punto por punto lo que podemos aprender:

- **Huir.** Los pecados sexuales afectan el cuerpo, aunque a simple vista no lo parezca. Por eso hay que huir de ellos. No solo para protegernos de las enfermedades de transmisión sexual, sino de otras tantas alteraciones que pueden dañar nuestra vida sexual en el futuro.

- **El cuerpo es un templo.** El Espíritu de Dios habita en nosotros, por eso somos su templo. Y si el Espíritu vive en nosotros, lo mínimo que pide es que cuidemos ese cuerpo donde Él va a habitar. No podemos invitarlo a morar en una pocilga.

- **Dios es nuestro dueño.** El Creador de todo nos ha otorgado un cuerpo, y no es un regalo, es un préstamo. En algún momento nos lo va a quitar, y hasta que eso suceda, debemos mantenerlo bien. No podemos hacer lo que nos plazca, exponiendo nuestro cuerpo, porque el dueño es Dios.

- **Hemos sido comprados.** Cristo nos compró mediante el derramamiento de su sangre. Ese fue el precio por nuestra libertad, y por nuestra eternidad. Por eso, es necesario aprender a honrar a Dios en todo, y también cuidando nuestro cuerpo.

CUIDADO DEL ALMA

Para adentrarnos en lo que significa el cuidado de nuestra alma, miremos este versículo:

«Jesús le contestó:
–El más importante es: 'Oye, Israel. El Señor nuestro Dios, el Señor es
uno. Ama al Señor tu Dios con todo tu corazón, con toda tu alma, con toda
tu mente y con todas tus fuerzas'. Y el segundo es: 'Ama a tu prójimo como
a ti mismo'. No hay otro mandamiento más importante que estos».
Marcos 12:29-31

Jesús ya estaba acostumbrado a responder a los maestros de la ley que le hacían preguntas para hacerlo caer en errores. Eso nunca sucedió, ya que Jesús siempre contestó con las verdades de la Palabra de Dios. Aprendamos algunas cosas más de este texto, sobre todo en lo referente al alma humana:

- **Oye Israel** *(Shemá Israel)*. Esta es una de las oraciones más antiguas entre el pueblo hebreo. Es un llamado a escuchar la voz de Dios y sus mandamientos, recordando que es el único Dios sobre todos los dioses. Jesús recordó a todos en ese momento esta oración para que vieran que sus palabras venían del Padre.

- **Ama a Señor tu Dios.** El amor tiene diferentes facetas, y Jesús nos invita a amar a Dios en todas ellas. Si podemos escuchar su voz y obedecerla, entonces le amamos de verdad.

- **Con todo tu corazón.** Hablar del corazón es referirse al centro de vida, ya que es el que bombea la sangre para que el cuerpo siga viviendo. Pero en esta porción no se refiere al corazón físico, sino al interior, al alma, a la voluntad, a la porción inmaterial de nuestro ser que nos permite amar voluntariamente.

- **Con toda tu alma.** Eso quiere decir con todas nuestras emociones, con toda nuestra pasión, con un anhelo interior de ser saciado en las aguas que vienen de Él. Nuestra alma siempre estará sedienta, y la única forma de saciarla es a través de Él (Salmo 63:1). Sin Dios, el alma de cualquier persona se secará y aunque esté viva, esa persona se sentirá como muerta.

- **Con toda tu mente.** El intelecto debe rendirse también a Dios. Por más que luchemos con los argumentos en contra de Dios, cuando hayamos experimentado su presencia y escuchado su voz, nada convencerá a nuestra mente de lo contrario. Es necesario cuidar nuestra mente también.

- **Con todas tus fuerzas.** Hay fuerzas físicas, pero también están las fuerzas del alma, la pasión, el aliento, la perseverancia, la valentía. Esa fuerza interior que nos hace querer seguir de pie aunque nuestro cuerpo desfallezca. Debemos amar a Dios con toda la fuerza que ha sido depositada en nuestro interior.

CUIDADO DEL ESPÍRITU

Cuidar nuestro espíritu, aunque no lo veamos, no es menos importante que cuidar el alma y el cuerpo. El desarrollo de buenos hábitos espirituales nos ayuda a mantener en forma nuestro espíritu y nos ofrece una comunión íntima y profunda con nuestro amado Señor.

Mira lo que dice la palabra de Dios respecto de algunos de esos hábitos espirituales que describimos en la sección de «Fundamentos del tema»:

- **La oración**

    «Estén siempre contentos. Oren en todo momento. Den gracias a Dios en cualquier situación, porque esto es lo que Dios quiere de ustedes como creyentes en Cristo Jesús».
    1 Tesalonicenses 5:16–18

Este pasaje pone en evidencia la voluntad de Cristo para nosotros, y es que estemos orando en todo momento, dando gracias a Dios en toda circunstancia. También nos habla acerca de cómo la oración ayuda a alegrarnos el alma.

Sin oración, un discípulo tiene un espíritu débil y será más fácil que cualquier eventualidad de la vida le azote.

- **La adoración**

    «Pero la hora se acerca, y ya está aquí, cuando los que verdaderamente adoran al Padre lo harán guiados por el Espíritu y en forma verdadera, porque el Padre así quiere que sean los que lo adoren. Dios es espíritu, y los que lo adoran deben hacerlo guiados por el Espíritu y en forma verdadera».
    Juan 4:23–24

Hoy vivimos una escasez de adoradores genuinos. Pensamos que los que tocan un instrumento o cantan son los adoradores. En realidad, un adorador se conoce por ser guiado por el Espíritu de Dios. Un hijo de Dios debe ser adorador en esencia, todo el tiempo, ya sea que se encuentre sentado en una banca, sirviendo a Dios, o a solas en su casa.

¡Un verdadero discípulo es un adorador ferviente!

- **La Palabra de Dios**

«La Escritura entera es inspirada por Dios y es útil para enseñarnos, para reprendernos, para corregirnos y para indicarnos cómo llevar una vida justa. De esa manera, los servidores de Dios estarán plenamente capacitados para hacer el bien».
2 Timoteo 3:16-17

Dios inspiró a muchos hombres para transmitir su palabra y ponerla por escrito. Por eso, allí no solo hay historias lindas para contar. Vamos encontrando a Dios en cada porción de la Escritura. La palabra de Dios nos reprende, nos corrige, nos guía hacia las mejores decisiones, y nos capacita para hacer el bien.

Un discípulo de Jesús debe hacer lo que Él hizo: leer, estudiar y hablar la Palabra en cada oportunidad que tenía.

- **Rendición de cuentas**

«Por eso, confiésense unos a otros sus pecados, y oren unos por otros para que sean sanados. La oración del justo es poderosa y eficaz».
Santiago 5:16

Rendir cuentas a otros es importante. Aquel que crece sin tener a nadie a quien contarle sobre sus luchas, dudas, conflictos internos, etc., más tarde caerá fácilmente en cualquier tentación.

Como discípulo de Jesús debes rendirle cuentas a alguien, y cuando caigas, ten la seguridad de que esa persona no te condenará, sino que te levantará para que seas cada vez mejor.

Si practicas todos estos principios, y tantos otros que irás encontrando en la Escritura, tendrás un espíritu dispuesto y obediente para hacer la voluntad de Dios, ¡y eso traerá grandes recompensas a tu vida!

🛡 REFLEXIÓN PERSONAL

Si pudiésemos tener algún tipo de aparato de medición que nos ayudara a evaluar el estado de nuestro cuerpo, alma y espíritu, ¿qué resultados arrojaría?

Hagan un recuento de los diferentes aspectos estudiados en este capítulo, y luego pídeles a tus preadolescentes que se evalúen unos a otros. Puedes decirles que se pongan una calificación del 1 al 10 en un papel, o quizás que de a uno pasen al frente para que todos evalúen. Esto dependerá mucho de si se conocen bien entre sí, y de la confianza que haya entre ellos. Y recuerda que los preadolescentes a veces son muy impulsivos con lo que dicen, y pueden llegar a ser crueles sin quererlo. Ten cuidado de que las cosas no se salgan de control para que nadie salga herido.

TU CUERPO

¿Qué tipo de alimentos eliges cuando puedes hacerlo?

¿Qué tipo de ejercicios o deportes sueles practicar? ¿Qué otras actividades que requieren movimiento te gusta realizar?

TU ALMA

¿Tienes cuidado de lo que miras, escuchas y aprendes? ¿Cómo te ayuda esto a ser mejor?

Cuando pasas por situaciones emocionantes, como desacuerdos, peleas, tristezas, o euforia, ¿logras controlarlas para no sobreactuar tus reacciones? ¿Cómo afectan tus emociones cuando están fuera de control a las personas que te rodean?

¿Qué cosas nuevas estás aprendiendo que te ayudan a desarrollar nuevas habilidades? ¿Qué libro estás leyendo? ¿Qué tema te interesaría investigar?

TU ESPÍRITU

¿En qué situaciones oras más seguido?

¿Qué plan de lectura de la Biblia tienes? ¿Lees a solas, o con quién lo haces?

¿Qué tipo de música de adoración te gusta más? ¿Qué canciones o artistas tienes en tu *playlist*?

¿Con quién hablas acerca de los desafíos de la vida? ¿Quién es la persona con la que te sientes más a gusto para hablar de tus cosas?

 MEDITA EN UN PERSONAJE

SHREK

De seguro la mayoría de tus preadolescentes vieron alguna vez las películas de *Dreamworks* de este disparatado ogro verde. Ahora, analicemos bien a Shrek. Él vive en un pantano maloliente, del cual se impregna toda clase de olores. Deja que sus orejas se llenen de cera, y sus baños son de lodo. No tiene ninguna preocupación por su aspecto físico, y en su casa pueden vivir ratas sin ningún problema.

¿Y qué decir de sus emociones?

Nunca está calmado, se deja llenar de rabia por cualquier cosa, difícilmente lo verás alegre, y no sabe cómo lidiar con la tristeza. Esto le trae muchos problemas en sus relaciones porque no le importan los demás, menosprecia a cualquier personaje con el que tiene contacto, y siempre está peleando con todos.

Cuando Fiona llega a su vida, Shrek no estaba preparado para eso. ¿Cómo podría conquistar el corazón de aquella doncella con todas esas costumbres desagradables y su irritable manera de ser?

Sí, Shrek es divertido. Pero... ¿puede ser un ejemplo a seguir?

PREGUNTAS PARA LOS DISCÍPULOS:

- ¿Qué cualidades positivas podemos ver en Shrek?

- ¿Cuáles son negativas?

- ¿Cuáles de todas, positivas o negativas, ves reflejadas en alguna de tus acciones?

DANIEL

El libro de Daniel describe algunas escenas de la vida de este profeta de Dios, de entre las cuales seguro una de las más recordadas, estudiadas y enseñadas se encuentra en el capítulo uno. Allí leemos que cuando el jefe de los eunucos tomó prisioneros a Daniel y sus amigos por orden del rey Nabucodonosor, la indicación era que debía darles de la comida del rey y del vino que él bebía. Sin embargo, esta comida había sido sacrificada a ídolos, y para Daniel comer eso era un agravio a Dios. Así que le pidió al jefe de los eunucos que le diera en cambio legumbres y agua. Daniel se mantuvo firme en su decisión y comprobó que sus fuerzas, su inteligencia, su ánimo y su sabiduría no menguaron, sino que aumentaron gracias a que se había mantenido fiel a Dios sin comer esa comida que sería desagradable para Él.

Este y otros episodios de la vida de Daniel muestran hasta qué punto él estaba dispuesto a mantenerse firme en sus convicciones sin importar los riesgos que pudiera correr. Hasta el mismo rey Nabucodonosor fue testigo de esto, y unos capítulos más tarde tuvo que reconocer que el Señor de Daniel era el único Dios verdadero.

PREGUNTAS PARA LOS DISCÍPULOS:

- ¿Cómo crees hubieras actuado tú en el lugar de Daniel?

- ¿Cuándo y cómo has tenido que enfrentar a otros por defender tus principios y valores?

✋ ACCIONES CONCRETAS

Usa las evaluaciones que surgieron de la sección de reflexión personal, y traza con tus chicos y chicas algunas metas individuales para cada uno. Cuida que sean metas realizables, y haz un compromiso con ellos para que los principios del cuidado de su ser estén siempre presentes en sus vidas.

Para cada parte puedes sugerirles metas a largo, mediano y corto plazo.

Por ejemplo, las metas para algunos de los aspectos involucrados con el cuidado del cuerpo podrían ser:

- **Ejercicio**

  Meta final, a largo plazo: Tener un buen estado físico, sano y fuerte.

  Meta a mediano plazo: Lograr correr dos millas en diez minutos (recuerda que este es solo un ejemplo).

  Meta a corto plazo: Correr tres veces a la semana por 20 minutos.

- **Aseo personal**

  Meta final, a largo plazo: Lograr el hábito del aseo personal constante.

  Meta a mediano plazo: Cumplir el ritual del aseo personal diario sin que nadie me lo recuerde.

  Meta a corto plazo: Definir cuál es la mejor hora para bañarme y colocar recordatorios donde pueda verlos. Crear una rutina que automatice el aseo por las mañanas al levantarme.

- **Alimentación**

  Meta final, a largo plazo: Comer sano para mantener mi cuerpo y mi mente sanos.

Meta a mediano plazo: Lograr reducir el consumo de alimentos que sé que son dañinos, como golosinas, snacks, comida chatarra, bebidas endulzadas, etc.

Meta a corto plazo: Hablar con los adultos responsables de mi alimentación para que me ayuden a hacer mejores elecciones de alimentos y planeen cómo sustituir algunos de ellos.

Como discipulador, aprovecha cada uno de estos aspectos para crear un calendario que te sirva de guía para seguir tocando estos temas con tus preadolescentes en el futuro. Ayúdales a tener presentes sus metas individuales y así evitar que el enemigo encuentre un espacio para traer tentaciones a sus vidas.

LECCIÓN 10

LÍMITES Y LIBERTAD

«Los preadolescentes comienzan a probar los límites externos para probar sus límites internos y saber hasta dónde pueden llegar».

Mark Oestreicher (*Entiende a tu preadolescente*)

¿Te preguntaste alguna vez cuál fue la motivación de Dios para darnos sus mandamientos? A veces ponemos el énfasis en cuáles son, pero no pensamos en qué fue lo que los motivó. Por eso Jesús discutió tan seguido con los maestros de la ley de su época, ya que aunque sabían las leyes de memoria, habían perdido de vista cuál era el corazón de ellas.

Los preadolescentes deben saber que los límites dados por Dios son para nuestra protección y están enraizados en su amor. Lo que según la cultura es una limitación, según la intención de Dios es la clave para que seamos libres de una esclavitud. Cuando la cultura de hoy en día habla de libertad, en la mayoría de los casos a lo que se refiere es al egoísmo, y a que yo pueda hacer lo que me dé la gana sin importar el efecto que tenga en otras personas, o incluso el efecto que tenga a largo plazo en mi propia vida.

Los preadolescentes ahora están listos para aprender esta verdad, y ese es el tema de la lección que aquí comienza.

🧠 AVALANCHA DE IDEAS

Consigue una cinta adhesiva de color blanco y forma con ella un camino todo a lo largo del salón donde organices tus reuniones. Deben ser dos líneas paralelas de cinta separadas por el ancho de un pie o 30 cm aproximadamente. El largo dependerá de la cantidad de participantes que tengas en tu grupo de discipulado.

El juego se llama «El abismo». Cuéntales la siguiente historia:

Este es un camino angosto ubicado en lo alto entre dos montañas. Sirve para cruzar de un lado al otro. A los costados hay un profundo abismo del que no se conoce su fin, y este es el único camino conocido para llegar al otro lado. Ya están todos parados sobre el camino, pero al llegar al otro lado se encuentran con un vigilante que les exige ciertas condiciones que el grupo debe cumplir para poder pasar.

Tú, como discipulador, deberás elegir esas condiciones. Aquí hay algunos ejemplos de lo que podrías solicitar:

- Colocarse en orden de estatura.

- Colocarse por edad, o según la fecha de nacimiento dentro del año, comenzando por los que cumplen en enero.

- Colocarse en orden alfabético, por la inicial del primer nombre.

Para lograr el orden que el vigilante solicita, ellos deberán ponerse de acuerdo, ayudarse unos a otros, y participar activamente. Mientras el juego transcurre, debes ir recordándoles que hay un abismo a los lados. Si alguien sobrepasa la línea marcada con cinta en el piso, deberá salir del grupo, o bien todos empezarán de nuevo. Dales algunos intentos para que se diviertan con la actividad, pero crea las tensiones adecuadas como para que la tarea no les resulte tan fácil.

Puedes elegir tantas condiciones distintas como desees, pero no le dediques demasiado tiempo pues como toda actividad dinámica, puede resultar tediosa si no se para a tiempo. El consejo es detenerla cuando sea el mejor momento y todos estén disfrutando, así querrán hacerla de nuevo en otra oportunidad.

Nota: Si tu reunión es virtual, pídeles a tus chicos y chicas que hagan lo mismo en casa con todos los miembros de su familia. Puedes coordinar con los padres previamente para que a la hora pactada, y durante los primeros minutos del encuentro de discipulado, se reúna toda la familia en vivo y coloquen la cinta adhesiva en el piso en alguna habitación en la que tengan un buen espacio. ¡Jugar todos juntos será muy bueno para los discípulos, pero también servirá para conectarte con los padres!

FUNDAMENTOS DEL TEMA

Los límites son neutros. Hay algunos buenos y otros innecesarios, y el juego de la vida es discernir cuáles son los que puso Dios porque esos son para protegernos.

Algunos límites son naturales, creados por Dios para regir la misma naturaleza. Por eso es lógico que las aves tengan la capacidad de volar, y las vacas no. ¡Imagina a una vaca defecando en el aire! (A tus preadolescentes varones puede estallarles la cabeza con esta imagen...)

Además de los límites en la naturaleza, Dios ha establecido límites morales, límites en las relaciones interpersonales, límites en los matrimonios y límites para la sexualidad, los que es muy interesante descubrir que siempre han estado presentes en la historia de la humanidad hasta en

LOS LÍMITES SON REGLAS QUE DIOS HA COLOCADO INTENCIONALMENTE PARA QUE CADA ASPECTO DE LA VIDA ALCANCE SU POTENCIAL

las civilizaciones más primitivas y paganas. Cada aspecto de la vida ha sido diseñado por Dios para encajar en un espacio en donde todos podamos cumplir nuestro propósito con éxito sin dañar a otros, y siendo de provecho para los demás. En este sentido, los límites son reglas que Dios ha colocado intencionalmente para

LOS RELIGIOSOS Y LOS IGNORANTES CREEN QUE LOS LÍMITES SON PARA PONERLE UN TOPE A LA LIBERTAD Y NO PARA DESATARLA

que cada aspecto de la vida alcance su potencial en armonía, y cada vez que el ser humano ha sobrepasado uno de estos límites ha lastimado a otros y a sí mismo. Cruzar los límites de Dios siempre deja víctimas. Otro termina siendo dañado, ofendido, discriminado, o herido de alguna manera por lo que esta persona hizo. Por eso los límites de Dios son tan valiosos.

¿Y qué de la libertad?

¡La libertad es exactamente lo que Dios está protegiendo! Una libertad que no ponga la mía por encima de la de los demás, ni la de los demás por encima de la mía, para que todos podamos disfrutarla. Imagina que aburrido sería un juego sin límites. ¿Cada quién decide a dónde es el gol? ¡Sería ridículo! Sin embargo, esa suele ser la sabiduría de este mundo, que te dice que las reglas son innecesarias... Los religiosos y los ignorantes creen que los límites son para ponerle un tope a la libertad y no para desatarla.

La idea de Dios no fue establecer una lista de restricciones para tener con qué molestar al ser humano. Necesitamos entender y abrazar los límites de Dios en nuestra vida, para que esta no choque y se arruine así nuestro camino hacia su destino eterno. Sobrepasar los límites de Dios siempre genera esclavitud.

Por rebasar los límites se rompen matrimonios, familias se dividen, amistades se pierden, y personas son heridas. Por rebasar los límites los seres humanos se corrompen y las sociedades se quebrantan, los gobernantes se vuelven emperadores malignos y la opresión aumenta, y por eso también vienen las guerras y los conflictos mundiales.

De hecho, una buena definición de pecado es, precisamente, sobrepasar los límites puestos por Dios.

Poner límites definidos en mi vida me hace:

- Saber quién soy y hasta dónde puedo llegar.

- Pensar en el otro y no solo en mí mismo.

- Conocer mis responsabilidades y disfrutar de mis derechos.

- Saber distinguir entre lo bueno y lo malo para elegir bien.

Algunos problemas que evidencian la falta de límites son (adaptado del libro *Límites* de Henry Cloud y John Townsend):

- No poder decir que no.

- Querer complacer a todos.

- Decirles no a las cosas buenas.

- No respetar los límites ajenos.

- No escuchar a los otros cuando dicen no.

- Querer controlar las decisiones de otros.

- Manipular las situaciones a través de las emociones.

- Querer salirse siempre con la suya.

Cuando examinamos nuestra propia vida y reconocemos que aún tenemos que trabajar en nuestros límites personales, no debemos dejarlo para más adelante. Es una necesidad urgente, y si le ponemos atención, nos permitirá llevar una vida exitosa con las personas y en paz con Dios.

El proyecto de discipulado al que nos llamó Jesús en esa declaración que conocemos como «la gran comisión» termina diciendo en el versículo 20 de Mateo 28: «*y enséñenles a obedecer los mandamientos que les he dado*». ¡Por eso es vital que tengamos esto en claro!

Tu estilo de vida y tus decisiones van a depender mucho de los límites que decidas respetar. No se trata de reprimirte, o de carecer de anhelos personales. En las cosas que decidas emprender, allí no hay límite. ¡Puedes llegar hasta el cielo mismo! Tener límites adecuados significa no ir más allá de donde Dios te ha dicho que puedes ir.

TENER LÍMITES ADECUADOS SIGNIFICA NO IR MÁS ALLÁ DE DONDE DIOS TE HA DICHO QUE PUEDES IR

Por eso las casas tienen un lindero que no puedes sobrepasar. Si alguien entra sin tu permiso, le dirás que está en propiedad privada. Por eso nadie puede entrar en un país sin haberse registrado en la frontera una vez que ha cruzado su lindero o límite. Si no te registras, serás una persona ilegal en ese lugar.

Así mismo, si alguien quiere ir más allá de lo que está autorizado a ir contigo, le dirás que no puede. Nadie puede tocar a otro de forma indebida, pues estaría sobrepasando un límite. Nadie puede decir palabras que lastimen a otro, pues esto va más allá de lo que se puede permitir.

La santidad no se reduce a no hacer lo que está mal, sino que más bien tiene que ver con amar los límites de Dios porque nos ayudan a hacer lo que está bien por otros y por nosotros mismos.

ILUMÍNATE CON LA VERDAD

Mucha gente desinformada repite que la ley de Dios está llena de prohibiciones que nos hacen cada vez más infelices. De hecho, muchas ideologías y tendencias filosóficas de la actualidad hablan de que para ser felices debemos tener menos controles y más libertad, sin darse cuenta de que esta idea de libertad es el peor enemigo de los derechos humanos.

La foto mental de muchos, retratada por la religión, es que una persona santa es una persona limitada, condenadora, vestida de blanco y con el ceño fruncido. El gran problema con esa foto es que muchos creen que eso es lo que quiere Dios y, todavía peor, ¡piensan que así es Dios! Pero esa idea es una blasfemia, porque esa foto no se parece en nada a Jesús.

En Juan 14:9 Él dijo: *«El que me ha visto a mí, también ha visto al Padre»*. Así que lo santo, maduro y verdaderamente bíblico es creer que ser santos como Dios es santo (según leemos en 1 Pedro 1:16) es parecernos a Jesús.

El libro de Génesis cuenta que cuando Dios creó al ser humano le dio instrucciones específicas de qué hacer y qué no hacer para que pudiera vivir una vida fructífera en todo sentido. Si tan solo Adán y Eva hubieran escuchado, tendríamos hoy un mundo con mayor libertad. ¡Sí, con la verdadera libertad! Lamentablemente, ellos decidieron desobedecer las instrucciones de Dios y sobrepasar el límite establecido, y hasta el día de hoy sufrimos las consecuencias.

Leamos el capítulo 38 del libro de Job. ¡Es realmente impresionante! El texto comienza así:

> *«Entonces el Señor respondió a Job desde el torbellino: «¿Por qué con tu ignorancia niegas mi providencia? Prepárate ahora para la lucha pues voy a exigir de ti algunas respuestas y tendrás que responderme. ¿Dónde estabas tú cuando yo eché las bases de la tierra? Dímelo, si tanto sabes. ¿Sabes cómo se calcularon las dimensiones y quién fue el agrimensor? ¿En qué se apoyan sus bases, y quién puso la piedra angular mientras las estrellas de la mañana cantaban unidas y todos los ángeles clamaban de júbilo?».*
>
> **Job 38:1-7**

Después de esperar un tiempo en silencio, escuchando las quejas y desvaríos del pretencioso Job, Dios decide responder desde el torbellino haciéndole saber la diferencia entre un simple mortal y el Creador del universo, el que echó las bases de la Tierra y calculó sus dimensiones, el que le dio sustento en el espacio sin fin, mientras todos los ángeles miraban extasiados su obra.

Sigue leyendo:

> *«¿Quién decretó las fronteras de los mares cuando ellos surgieron potentes desde lo profundo? ¿Quién los vistió de nubes y densas tinieblas, y los encerró diciendo: '¡Hasta aquí llegarán, y no más allá; y aquí se detendrá el orgullo de sus olas!'?».*
>
> **Job 38:8-11**

Fue Dios quien le puso límites a los mares que crecían orgullosos desde lo profundo, y los encerró estableciendo fronteras. Y así hizo con cada cosa de la creación, incluyendo el ser humano. Es que los límites son sanos, y nos traen libertad. Sin límites vivimos a expensas de nuestro propio egoísmo y maldad.

¿Qué aprendió Job?

- Que Dios es soberano e infinitamente sabio.

- Que sin sus límites el mundo es un caos.

- Que Dios nos dio libertad para gobernar la tierra, pero no para sobrepasar sus límites.

- Que en ocasiones sabemos tan poco de Dios, o somos tan arrogantes, que decidimos desafiar su consejo, pero que esto siempre termina mal.

Todo esto lo vemos más adelante, en el capítulo 42. Allí Job reflexiona y resume lo que ha aprendido:

> *«Entonces Job respondió a Dios: «Sé que todo lo puedes y que nadie es capaz de detenerte. Preguntas quién ha sido tan necio para negar tu providencia. Soy yo. Hablaba de lo que ignoraba en absoluto; de lo que no comprendía; de cosas demasiado admirables para mí. Tú dijiste: 'Escucha, y yo hablaré. Déjame plantearte las preguntas. ¡A ver si eres capaz de responder!'. Pero ahora yo digo. Había oído hablar de ti, pero ahora te he visto, y me detesto, y me arrepiento en polvo y cenizas»».*
>
> **Job 42:1-6**

Job entendió que todo lo que había dicho antes juzgando a Dios era una enorme torpeza de su parte. Y por fin entendió que los límites que Dios estableció eran lo mejor para el ser humano. Él dice: *«Había oído hablar de ti, pero ahora te he visto...».* Job conoció a Dios más profundamente a través de todo lo que le sucedió. Sus ojos fueron abiertos, y pudo ver la magnificencia del Creador que puso límites a los mares y diseñó todo con perfecta inteligencia. Esta revelación cambiaría para siempre su destino, así como puede cambiar el nuestro cuando finalmente comprendemos estas cosas.

REFLEXIÓN PERSONAL

¿Para qué sirven la ley de la gravedad y la rotación de nuestro planeta sobre su propio eje?

La respuesta corta es: para que el juego de la vida en la Tierra funcione.

Permite al grupo considerar diversas situaciones en donde la naturaleza se ha salido de control. Puedes darles algunas ideas como los tsunamis, terremotos, maremotos, incendios, inundaciones, sequías, etc.

¿Y qué sucede cuando los seres humanos rebasamos los límites?

Aquí pueden conversar sobre diversos tipos de límites que todo preadolescente debería considerar'

¿Qué tipo de límites sería bueno establecer en...

- ...mi vestimenta? ¿Por qué?

- ...mi forma de hablar?

- ...las cosas que veo en Internet?

- ...el tiempo que le dedico a los videojuegos?

- ...la manera en la que respeto y honro a mis padres?

- ...la forma como me alimento?

Puedes agregar a esta lista tantas ideas como quieras, tomando en cuenta las necesidades particulares de tu grupo de discípulos y lo que has visto en ellos.

 MEDITA EN UN PERSONAJE

FLASH

Barry Allen es un joven común y corriente hasta que la explosión de un acelerador de partículas produce en él la capacidad de ser más veloz que la luz o el sonido. A partir de allí empiezan sus aventuras enfrentando a otros humanos afectados por la misma explosión pero que se han vuelto malignos.

Este personaje tomado de los comics nos ofrece un buen ejemplo de lo que significan los límites. En su lucha contra los metahumanos, Barry Allen hace uso de otra de sus capacidades que es viajar a través del tiempo. Ese no era su plan, pero esos viajes al pasado y al futuro abren portales dimensionales creando toda clase de brechas y disparando situaciones con las que Barry, en su personaje de Flash, tendrá que lidiar.

No es su culpa, ya que sus intenciones siempre fueron buenas, pero en su camino tomó decisiones que empeoraron todo. Por eso el ser humano no tiene la capacidad de ir tan rápido ni de moverse en el tiempo. ¡Esos son límites que puso Dios, y son buenos!

PREGUNTAS PARA LOS DISCÍPULOS:

- Como ya hablamos en otra lección acerca de qué poderes sobrenaturales te gustaría tener, ¿qué tal si en vez de pensar en la velocidad pensamos en otros poderes tales como abrir portales dimensionales para «ver las memorias de la otra persona»? ¿O «saber si están mintiendo o diciendo la verdad cada vez», o «hablar en todos los idiomas del mundo»?

- ¿Cómo usarías estos poderes?

- ¿Hasta dónde podrías usarlos con libertad y dónde estarían tus límites?

DAVID

La historia de David es una de las más famosas y conocidas de todos los tiempos. De hecho, ya lo mencionamos un par de capítulos atrás cuando hablamos de la amistad. La Biblia se ha encargado de describir sus momentos más gloriosos y los más oscuros también. Pero, ¿qué cosas podemos aprender de David en cuanto a límites?

¡Demasiadas!

En el primer libro del profeta Samuel se cuenta su historia, y realmente puedes aprender mucho de él si vas leyendo la Escritura poco a poco. En el tiempo en el que Goliat atormentaba al ejército del rey Saúl, David era solamente un adolescente. Saúl quiso ofrecerle su armadura y espada para ir a enfrentar al gigante, pero David no aceptó. Él conocía sus limitaciones como guerrero, pues apenas era un muchacho. Esa lucha no la enfrentaría él, sino Dios mismo, gracias a que David decidió no lucirse sino dejar que Dios obrara.

Más tarde, cuando Saúl lo perseguía porque estaba celoso de él, David tuvo oportunidades para detenerlo y hasta para matarlo, pero no lo hizo por cuanto Saúl era el rey. David nunca sobrepasó ese límite, y decidió honrar la autoridad de Saúl a pesar de que él ya había sido ungido para ser su reemplazo. El hecho de no sobrepasar ese límite por respeto a Dios y al rey le hizo ganar el favor de todos quienes le seguían.

En cambio, la historia con Betsabé fue una de esas en las que David sobrepasó sus límites. Betsabé era la esposa de otro hombre, y David la quiso tener para sí mismo. Por eso mintió, cometió adulterio, y se volvió orgulloso y ciego. ¡Pero ahí no terminaron las consecuencias de cruzar los límites que Dios había fijado! David mandó a matar al esposo de Betsabé, quien había quedado embarazada. Se casó con ella, pero ese hijo murió al poco tiempo de nacer. Y, por último, Dios no le permitió a David construir el templo que tanto había soñado.

¡Sobrepasar los límites nunca es una buena idea!

PREGUNTAS PARA LOS DISCÍPULOS:

- ¿Por qué podemos confiar en los límites de Dios?

- ¿Cómo podemos ayudarnos los unos a los otros a confiar en ellos y a no romperlos?

 ACCIONES CONCRETAS

Hablar de límites con nuestros preadolescentes no puede quedarse en afirmaciones abstractas o generales. Debemos ayudarlos de manera concreta a establecer límites positivos en sus vidas para incrementar su libertad.

Dales una copia de las siguientes preguntas propuestas por Henry Cloud y John Townsend, escritores del libro *Límites*, para que ellos pueden pensar en sus propios parámetros.

- **En las palabras...**

  ¿Cómo podrías mejorar tu forma de hablar?

- **En el tiempo...**

  ¿Qué distracciones te hacen perder el tiempo?

- **En las emociones...**

  ¿Qué cosas juegan con tus emociones
  y te hacen perder el control?

- **Con las personas...**

¿Qué personas a tu alrededor son tóxicas, o te distraen de lo bueno
y te llevan a tomar malas decisiones?

- **En el orden...**

  ¿Qué área de tu vida puedes mejorar y cómo podrías lograrlo?

Para cerrar la lección puedes plantear estas preguntas generales para que compartan algunos de ellos. Déjales bien claro que el ejercicio de responderlas no es para añadirles culpa sino para comenzar a vivir en libertad personal más allá de los límites impuestos por sus padres.

Los límites de Dios que hacemos propios son como guardarraíles que nos protegen de chocar a otros y de experimentar accidentes nosotros.

El proyecto de discipulado recién comienza para tus preadolescentes. Que ahora descubran un criterio personal para cuidar su libertad y la de otros es fundamental para que lleguen a ser todo lo que Dios desea para sus vidas al parecerse cada vez más a Jesús.

BIBLIOGRAFÍA

- Arroyo, Itiel. *La prueba del amor.* Editorial E625. Dallas, Texas. 2018.

- Brown, Rich/Shannon, Elisa. *Trabajemos en familia.* Editorial E625. Dallas, Texas, 2019.

- Colbert, Don. *Emociones que matan.* Editorial Betania, Grupo Nelson. Nashville, Tennessee. 2006.

- Hermosillo, Héctor. *Pastorea a tu hijo adolescente.* Editorial E625. Dallas, Texas. 2018.

- Leys, Lucas. *Diferente.* Editorial Vida. Miami, Florida. 2015.

- Leys, Lucas. *Stamina.* Editorial e625. Dallas, Texas. 2019.

- Leys, Lucas/Burns, Jim. *El código de la pureza.* Editorial Vida. Miami, Florida. 2012.

- Leys, Lucas. *Liderazgo Generacional.* Editorial e625. Dallas, Texas. 2017.

- Lewis, C.S. *Las Crónicas de Narnia.* El león, la bruja y el ropero. Editorial Planeta Colombiana S.A. Bogotá, Colombia. 2008.

- McDowell, Josh. *Relaciones.* Editorial Mundo Hispano. El Paso, Texas. 2007.

- McDowell, Josh. *La generación desconectada.* Editorial Mundo Hispano. El Paso, Texas. 2003.

- McDowell, Josh. *La verdad desnuda.* Editorial Patmos. Weston, Florida. 2011.

- Obando, Esteban/Lacota, Karen/Intrieri, Adrián. *Manual de consejería para el trabajo con adolescentes.* Editorial e625. Dallas, Texas. 2018.

- Oestreicher, Mark. *Entiende a tu preadolescente.* Editorial E625. Dallas, Texas. 2016.

- Sampedro, Alex. *Artesano.* Editorial e625. Dallas, Texas. 2018.

- Scataglini, Sergio. *Las doce transgresiones.* Editorial Casa Creación. Lake Mary, Florida. 2011.

- Townsend, John. *Límites con los adolescentes.* Editorial Vida. Miami, Florida. 2006.

- Ortiz, Félix. *Cada joven necesita un mentor.* Editorial e625. Dallas, Texas. 2017.

- Ortiz, Félix. *Valores.* Editorial e625. Dallas, Texas. 2019.

ALGUNAS PREGUNTAS QUE DEBES RESPONDER:

¿QUIÉN ESTÁ DETRÁS DE ESTE LIBRO?

Especialidades 625 es un equipo de pastores y siervos de distintos países, distintas denominaciones, distintos tamaños y estilos de iglesia que amamos a Cristo y a las nuevas generaciones.

e625.com

¿DE QUÉ SE TRATA E625.COM?

Nuestra pasión es ayudar a las familias y a las iglesias en Iberoamérica a encontrar buenos materiales y recursos para el discipulado de las nuevas generaciones y por eso nuestra página web sirve a padres, pastores, maestros y líderes en general los 365 días del año a través de **www.e625.com** con recursos gratis.

ZONA DE CONTENIDO
PREMIUM

¿QUÉ ES EL SERVICIO PREMIUM?

Además de reflexiones y materiales cortos gratis, tenemos un servicio de lecciones, series, investigaciones, libros online y recursos audiovisuales para facilitar tu tarea. Tu iglesia puede acceder con una suscripción mensual a este servicio por congregación que les permite a todos los líderes de una iglesia local, descargar materiales para compartir en equipo y hacer las copias necesarias que encuentren pertinentes para las distintas actividades de la congregación o sus familias.

¿PUEDO EQUIPARME CON USTEDES?

Sería un privilegio ayudarte y con ese objetivo existen nuestros eventos y nuestras posibilidades de educación formal. Visita **www.e625.com/Eventos** para enterarte de nuestros seminarios y convocatorias e ingresa a **www.institutoE625.com** para conocer los cursos online que ofrece el Instituto E 6.25

¿QUIERES ACTUALIZACIÓN CONTINUA?

Regístrate ya mismo a los updates de **e625.com** según sea tu arena de trabajo: Niños- Preadolescentes- Adolescentes- Jóvenes.

¡APRENDAMOS JUNTOS!

e625.com   🅕 🅣 🅘 🅞 /**e625**COM

¡SUSCRIBE A TU MINISTERIO PARA DESCARGAR LOS MEJORES RECURSOS PARA EL DISCIPULADO DE LAS NUEVAS GENERACIONES!

Lecciones, bosquejos, libros, revistas, videos, investigaciones y mucho más

e625.com/premium

e625
INSTITUTO
ESPECIALIDADES
/InstitutoE625

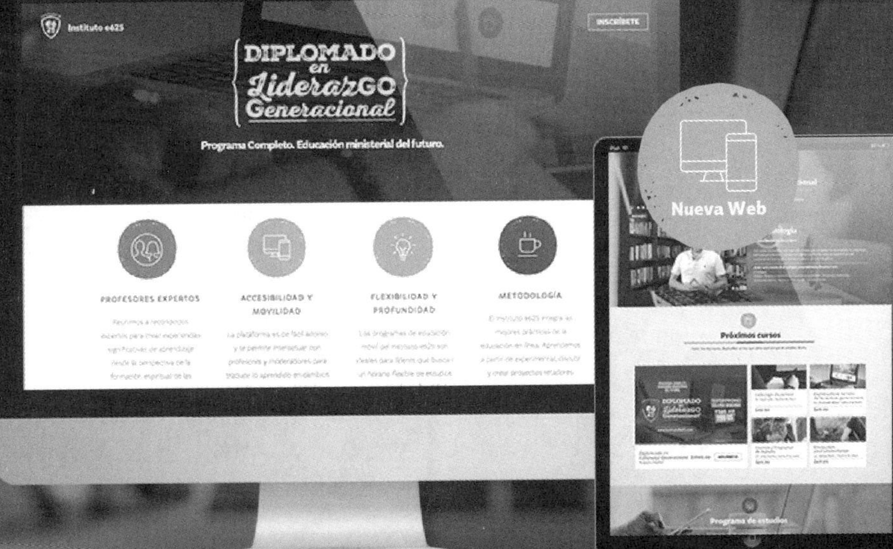

TU MINISTERIO
SUBIRÁ
DE NIVEL
Instituto e625
INSCRÍBETE
DIPLOMADO en LiderazGO Generacional
Programa Completo. Educación ministerial del futuro.
PROFESORES EXPERTOS
ACCESIBILIDAD Y MOVILIDAD
FLEXIBILIDAD Y PROFUNDIDAD
METODOLOGÍA
Nueva Web
Próximos cursos
Programa de estudios

www.InstitutoE625.com

Suscripción de materiales premium para iglesias
Recursos gratis
Tienda con envíos internacionales
Chat en tiempo real
Revista Líder 6.25
FAMILIAS SANAS + IGLESIAS FUERTES
PASTORES
NIÑOS
INSTITUTO e625
Educación online www.institutoe625.com
Libros Online
Seminarios para iglesias locales
Eventos de actualización ministerial
e625.com
TE AYUDA
TODO EL AÑO